A CULTIVATED GIRL

养育女孩

好妈妈不娇不惯培养女孩

梅子★著

辽宁人民出版社

图书在版编目（CIP）数据

好妈妈不娇不惯培养女孩 / 梅子著. — 沈阳：辽宁人民出版社，2019.3
　　ISBN 978-7-205-09386-0

Ⅰ. ①好… Ⅱ. ①梅… Ⅲ. ①女性—家庭教育 Ⅳ. ①G78

中国版本图书馆 CIP 数据核字(2018)第 281923 号

出版发行：辽宁人民出版社
　　　　　地址：沈阳市和平区十一纬路25号　邮编：110003
　　　　　电话：024-23284321（邮　购）　024-23284324（发行部）
　　　　　传真：024-23284191（发行部）　024-23284304（办公室）
　　　　　http://www.lnpph.com.cn
印　　刷：三河市德鑫印刷有限公司
幅面尺寸：170mm×240mm
印　　张：15
字　　数：174 千字
印　　数：1～50000
出版时间：2019 年 3 月第 1 版
印刷时间：2019 年 3 月第 1 次印刷
责任编辑：高　丹
封面设计：夏末书衣
版式设计：薛桂平
责任校对：王玉坤
书　　号：ISBN 978-7-205-09386-0

定　　价：38.00 元

前 言
Preface

"女孩要富养"，这几乎已经成为女孩父母们的"金科玉律"。

这个说法本身并没有什么错误，对于女孩来说，"富养"对于她们性格的塑造、气质的养成及品位的提升都有着不容小觑的作用。但需要注意的是，我们说的"富养"，所指的不仅仅是物质上的优越，更多的还应是精神上的富足。

许多父母对"富养"的理解都存在偏差，总以为所谓"富养"就是"娇养"、"惯养"，把女孩捧在手心，疼宠得像个小公主一般。结果，看看现在我们周围的那些"娇娇女"们：刁蛮任性，不知进退，遇事就知道躲到父母后头，不能接受批评和意见，毫无礼貌，不懂控制情绪，甚至到十多岁了，连一顿饭都不会做……

父母疼宠女儿，这样的心情可以理解，但父母们却忘记了一句话：玉不琢，不成器。

每个女孩都是一块玉石，只要经过精心的雕琢，必然都能绽放迷人的光彩。但如果因为不舍得，而只将这玉石放到一旁，任由它积满灰尘，那么这玉石便也与其他顽石没有任何区别了。

女孩应当是温柔的，却不应当是脆弱的。

宝剑锋从磨砺出，梅花香自苦寒来。女孩当为锋利的宝剑，当做幽香的寒梅，哪怕有着如水般娇弱的身姿，也必须得竖起如铁般刚强的傲骨，这才应当是女孩所具有的样子。娇惯和溺爱是无法养育出这样真正优秀的女孩的。

美丽的娇花，纵然赏心悦目，却禁不住风霜，一旦遭遇挫折和打击，便会迅速枯萎、凋零，变成毫无生气的枯枝败叶。

天下间任何一位父母，想必都不希望自己捧在手心的女孩，最终只能"零落成泥"吧。而父母，终究只能陪伴女孩走过人生路上的一段旅程，总有一天，她们会成长，她们会离开，她们会拍打着自己的翅膀，飞向更宽更广的天空，到那个时候，无论狂风还是骤雨，无论流岚还是虹霓，都只能是女孩自己用柔弱的身躯去承担，去感受。

娇惯与溺爱，就如同绑在女孩身上的铁索，是保护却也是囚笼，终有一日，还会成为阻碍女孩振翅高飞的束缚。所以，为了让女孩走得更远，走得更好，请学会用正确的方式去给予她爱，用睿智的陪伴去教会她成长，让她在成长中获得养分，以期在最美的年华开出最灿烂的花！

目 录
Contents

Chapter 1 严慈立下规矩，培养女孩淑女特质

淑女，一直是中国传统培养女孩的终极目标。一个淑女，不仅要有良好的气质，还要有卓远的见识和人人称赞的品德。孩子对于世界的认识尚处于懵懂之中，单纯的依靠语言来教导，未必能够起到效果。因此，软硬兼施是必要的，为了孩子的将来，"规矩"二字必不可少。

1. 告诉女儿，什么才是真正的淑女

吾家有女初长成，天下间每一个父母大概都期望能把自己的"贴心小棉袄"培养成真正的淑女，让她们拥有优雅高贵的气质，聪敏灵秀的心思，懂得自尊、自爱，内心充满阳光，乐观豁达，无论面对人生的顺境还是逆境都能够泰然自若。

这样的愿望固然美好，但在实际生活中，很多父母其实都不知道究竟该怎么做，才能将自己的女儿培养成为理想中的淑女。而要做到这一点，我们首先要想明白一个问题：女孩的高贵气质究竟从何而来。

有人说气质来自于美丽的容貌；有人说气质彰显于"窈窕"的身材；有人说气质来自于"腹有诗书"的文学修养和如同大家闺秀一般的安分守己；也有人说气质来自于内心的自尊与自信……

王女士的家庭很平凡，她没有能力给女儿买漂亮的名牌衣服，也没有能力带女儿去高级餐厅消费。

但是在教育女儿方面，王女士也有一套非常值得大家学习的方法。在生活中，王女士对女儿的一大要求就是，仪表必须干净整洁。她经常和女儿谈心，每当女儿遭遇困惑的事情时，都会耐心地告诉她怎样做更好。

有一次，王女士带着女儿去图书馆的时候遇到一位同事，那位同事见王女士的女儿年龄还很小，便问她："怎么来图书馆还带着女儿呀？"王女士回答说："我想让她从小就培养起阅读的习惯。"

此外，王女士从小就教女儿做一些简单的针织和手工活，自己也常常照着一些杂志给女儿织漂亮的毛衣，使得女儿的衣服虽然很多不是名牌，但也常常能获得别人的赞赏。在大家的眼里，王女士的女儿绝对是一名标准的"小淑女"。

可见，那些所谓的高贵气质并不是与生俱来的，而是通过后天精心培养得来的。每一位父母都期望自己的女儿能够拥有美丽的容颜、窈窕的身姿、动人的气质。但这一切其实都不是最重要的，对于一个女孩来说，最重要的还是由内而外散发的气质，而这种气质主要就体现于优雅的言谈举止和举手投足之间洋溢的美妙动人。

容貌外形都是与生俱来的，和遗传有紧密联系，我们不能控制，但气质则是能够通过不断的修炼培养起来的，犹如万年青松，经久不衰。那么，父母究竟应该怎么做，才能培养女儿身上的高贵气质呢？

◆ 细节1：让女孩的见识更广一点

很多父母在出门时为了方便都不愿意带着孩子，但其实多带孩子出去，对孩子的身心健康发展都是很有好处的。在闲暇时候，不妨多带女儿出去走走，走访亲友，或者出门旅游都是十分不错的选择。

在旅途中，要多向女儿介绍造访的对象或遇到的人，让她可以接触更多的人和事。这样不仅可以帮助女儿扩宽眼界，培养交际能力，还能帮助女儿提升自信，走出"封闭的王国"。见识得多了，自然也就变成落落大方的"小淑女"了。

◆ 细节 2：教会女儿体谅他人，懂得换位思考。

一个真正的小淑女一定是个懂得体谅他人的人。父母在培养孩子的时候，要注意教会孩子换位思考，懂得体谅他人，觉察他人的需求，如此才能了解对方的心思，不动声色地获得对方的认可和喜爱。

比如，当看到伙伴不开心的时候，父母可以鼓励孩子去安慰对方；当别人介绍孩子认识新朋友的时候，父母可以教导孩子主动和对方握手；在公交或地铁上看到老人或抱小孩的长辈时，父母可以教导孩子主动让座……当这些行为成为一种习惯，深深刻印在孩子的一举一动中时，一个善解人意、体贴关照的小淑女自然也就诞生了。

◆ 细节 3：身体力行，做好女儿的榜样。

对于女儿来说，妈妈的一言一行都如同她们的镜子，她们会不自觉地去模仿学习妈妈的言行举止。如果注意观察，你一定会发现，在我们周围，很多母女之间都存在不少相似的小习惯或口头禅。所以，如果想让女儿成为人见人爱的小淑女，妈妈首先得约束好自己的言行，做好女儿的榜样。比如一个妈妈如果嗓门总是很大，恐怕很难培养出轻声细语的女孩；一个妈妈如果出口成"脏"，便也没有立场教训孩子不说脏话；一个妈妈如果举止粗鲁，大概也不懂得如何教会女孩斯文有礼。

2. 穿衣打扮是淑女的必备技能

爱美是女人的天性，而漂亮的女孩也总是让人觉得赏心悦目的。但在生活中，不少父母却总是只对孩子的学习非常注重，却完全不留意孩子的穿衣打扮，甚至不少父母还会极力遏制女孩在穿衣打扮方面的兴趣，仿佛喜欢打扮自己是什么滔天大错一般。

比如有的女孩，一年四季下来，就是这么两套校服换着穿，也根本不清楚自己适合什么样的装扮，久而久之，等到她们真正长大，有机会给自己穿衣打扮的时候，却变成了一个"无头苍蝇"——不知所措。

其实，内涵固然可贵，但外表也同样重要，一个真正优秀的女孩，除了知书达理的内在之外，也该拥有靓丽得体的外在。而且，若一个女孩连在穿衣打扮方面都没有自己的想法，又怎么指望她去掌控自己的人生，应对变幻莫测的社会呢？

刚上初中的小颖活泼可爱，一直是大家眼中的"乐天派"，但是最近，也不知道为什么，小颖却总是愁眉不展，仿佛添了什么心事。

小颖的反常让妈妈非常担心，在反复询问之下，小颖才把心里的事情告诉了妈妈。原来前几天，小颖在课间和几个同学说笑的时候，和一个男同学产生了一些摩擦，小颖二话不说，抬手就打了那个男同学一拳。虽然小颖力道也不大，但也让那位男同学有些羞恼，男同学便生气地冲小颖大声说道："你瞧瞧你，那么粗鲁，打扮得也像男生，说话嗓门又大，哪里有个女孩子的样子啊！"

男同学的这句话让小颖有些不知所措，再看看自己周围的女同学们，一个个出落得亭亭玉立，美丽可爱，哪里像自己，头发短短，衣服除了运动服就是牛仔裤……

听了小颖的烦恼，妈妈顿时感到懊悔不已。以前小颖年纪小的时候，妈妈总担心她把心思放在穿衣打扮上，耽误了学习，于是常常告诫她："衣服的作用就是保暖，能穿就行了，小孩子最重要的事是学习，别成天想着穿衣打扮。"结果现在，女儿长大了，却也养成了个"假小子"，根本不知道该怎么去打扮自己。

小颖的烦恼是不少女孩都曾经历过的，在年幼无知的时候，女孩们尚未形成对"美"的概念，或许也并不会在乎自己身上穿的是什么，发型是什么样的。但当女孩长大之后，对"美"有了认知，自然就会想要追求"美"。而且就算女孩自己仍旧没有意识到"美"，周围人的议论和评价也都会对女孩造成一种压力，这种压力不仅仅可能会影响到女孩的正常交往，甚至会影响到女孩以后的恋爱和婚姻。

所以说，作为父母，不仅要让女孩举止优雅、谈吐不俗，还要让女孩懂得在什么样的场合适合什么样的装扮，利用穿衣打扮来凸显自己最优秀、最美丽的一面。一个外表令人愉悦的女孩，通常都很容易被别人所接纳。

爱美之心，人皆有之，当发现女儿"臭美"的时候，父母应该做的，不是强力地打击和制止，而是正确的引导和鼓励。"人靠衣装马靠鞍"，这是社会不变的铁则，一个拥有漂亮外表的人，在与人交往中，至少第一印象就能加分不少。所以，不要限制女孩爱美的天性，而是应当帮助她们树立正确的审美观，培养健康、积极的审美情趣。

那么，父母应该怎样去培养女孩穿衣打扮的能力呢？

◆ **细节 4：抓住女孩的"审美敏感期"，树立正确审美观。**

很多女孩在成长过程中都有过这样的经历：喜欢偷偷穿妈妈的高跟鞋和裙子，在镜子面前走来走去；喜欢举着手机自拍，对着镜头模仿明星摆造型……其实，这正是孩子审美观形成的关键时刻，也就是女孩子们的"审美敏感期"，在这个期间，父母对孩子的引导对她们日后审美观的形成有着非常重要的影响。

有专家指出，通常女孩在 3 岁之后，就会对自己喜欢的东西表现出一种执着，但她们并不懂得考虑这件东西是否适合自己。就比如穿衣服，她们通常只会考虑自己喜不喜欢这件衣服，而不会判断这件衣服是否适合自己。在这种时候，父母一定要懂得委婉地引导女孩，潜移默化地帮助女孩树立正确的审美观。

◆ **细节 5：鼓励女孩打扮自己。**

无论在哪一方面，父母都应该明白，给予鼓励才是对孩子最大的帮助，穿衣打扮同样如此。从 3 岁以后开始，女孩就已经开始有了自己的审美观点，她们渴望用自己的眼光来选择适合自己的衣服。当然，此时的她们眼光未必精准，还需要父母的引导和帮助。

需要注意的是，在这个过程中，父母千万不要有太多的说教，否则很容易让女孩失去判断力，对自己的眼光失去信心。比如，当你看到女儿的打扮不甚得体时，不要只是强硬地要求她换上你指定的服装，而是应该静下心来，好好教导她，告诉她什么类型的服装才适合眼下的场合，然后再让她自己重新做出选择。

父母一定要记得，在向女孩提出建议之前，最好能先给予女孩一定的赞赏和认同，而在沟通过程中，也要注意尽量不要使用"不允许"、"不准"之类的强硬词语，这样才能真正帮助孩子树立自信，让孩子成为有主见，会打扮自己的"小公主"。

◆ **细节 6：多交流，教会女儿如何打扮自己。**

穿衣打扮是淑女的必备技能，也是教育中不可缺少的一个环节。父母应该让女儿明白衣着装扮的重要性，同时也要让女儿学会，在不同的场合，选择相应的着装。比如在平时空闲的时候，父母不妨多与女儿进行沟通，也可以一起看看时尚杂志。在聊天的过程中，也可以潜移默化地告诉女儿，什么样的衣服适合她，什么样的衣服对应什么样的场合，让女孩认识"美"，了解"美"，并学会如何正确展现自己的"美"。

3. 多动手，让家里多个"巧姑娘"

当今社会，很多女孩都是在父母的宠溺之下成长的，父母帮她们包办了一切，以至于这样的现象比比皆是：

6 岁的女孩不会自己系鞋带；7 岁的女孩吃饭还要父母喂；都已经上了大学，却连自己的衣服都不会洗；都已经结婚生子，却连一顿饭也做不出来……

要知道，一个动手能力弱的女孩，不说无法照顾自己的生活，就连在社会上都是很难立足的。她们往往缺乏独立面对困难，承担责任的能力，更谈不上创造属于自己的事业了。因此，如果你想让自己的女儿以后成长为一名成功、独立的女性，那么就得学会在成长的道路上放手，让她们学会依靠自己去行走。只有多动手，才能变成心灵手巧的"巧姑娘"。

姑姑给玲子买了不少女孩子喜欢的玩具，比如毛绒熊、洋娃娃等。玲子收到礼物很开心，但只玩了一会儿就腻味了，丢在一边再也没碰。爸爸也给玲子带了礼物，是一盒拼图，玲子玩得意犹未尽，拼完之后还不断催促爸爸妈妈给她买新的。

玲子的父母意识到，女儿的动手欲望非常强，于是除了给她买新的拼图之外，还给她买了各种有趣的模型和积木等玩具，来让女儿自己动手DIY。

玲子13岁的时候，由于动手能力强又有想法，在学校担任了课外活动组的组长，还数次在省里举办的模型制作大赛中获得奖项，获得了老师的夸奖。看着女儿满墙的奖状，玲子的父母不禁欣慰地感叹道："看来我们当初的选择是对的。"

很多心理学家都将手指称之为"智慧的前哨"，认为手的动作代表着孩子的智慧，大脑的灵敏与手指的灵巧也是相互影响的，这也就是我们所说的"心灵手巧"。因此，父母如果想要帮助孩子开发智力，培养孩子的逻辑性思维，最有效的方式就是多让孩子动手，培养孩子手指的灵活性。要知道，手是人体最复杂也最重要的器官之一，手的动作，尤其是手指的动作，越是复杂、精巧，就能在大脑皮层建立更多的神经联系，从而让大脑变得更加活跃，更加聪明。

在生活中，我们常常能看到这样一种现象：当孩子把家里的录音机或者手表等小物件拆开时，总会引得父母大发雷霆，甚至勒令他们不许再碰这些东西。殊不知，这实际上正是孩子的好奇心在作怪，而正是因为拥有这种好奇心，孩子也才会产生探索生活、学习知识的渴望。如果父母对此大发雷霆，无异于遏制了孩子的好奇心，否定了孩子对生活、对知识的向往，同时也限制了孩子动手能力的发展。

所以说，当父母见到孩子弄坏手里的玩具或家中的电器时，不要一味地指责他们，而是应该引导他们，教导他们如何修复自己破坏的东西。此外，父母也应该有意识地培养孩子的动手能力，让他们成为心灵手巧的孩子。

那么，哪些活动更适合培养女孩的动手能力呢？

◆ 细节 7：剪纸，帮助女孩培养耐性和毅力。

许多利用剪刀进行的活动都非常适合女孩，比如剪漂亮的贴花、图形等等。人们使用剪刀剪纸的过程，实际上就是一个锻炼耐心和专注精神的过程，常常让女孩使用剪刀来进行剪纸活动，可以很好地锻炼耐性和毅力，这对女孩未来的成长是大有帮助的。

剪纸活动最大的作用就在于培养耐性与专注性，但很多父母因为担心孩子受伤，往往会限制孩子接触利器，比如刀、剪刀等等。父母关心孩子无可厚非，但其实，剪刀并不是什么可怕的东西，相反，经常使用剪刀，对孩子手与脑的协调运转都能起到很好的促进作用。因为想要把一条线剪直，或是将一张纸剪出漂亮的图案，没有耐性是不可能做到的。

当然，孩子的安全非常重要，因此在初次使用剪刀时，父母最好能在一旁进行监督指导，这样既能保证孩子的安全，同时也能增强亲子之间的互动。

◆ 细节 8：告别洋娃娃，让女孩多玩操作性强的玩具。

通常来说，男孩的玩具比女孩的玩具操作性要强一些，很多父母在给儿子买玩具时往往会考虑模型、遥控式飞机或汽车、玩具枪等等，但在给女儿买玩具时却往往会选择洋娃娃、玩具熊一类的。但实际上，从长远的角度考虑，为了给女孩制造更多动手的机会，父母不妨考虑为女儿购置一些操作性强的玩具。

比如玲子的父母，就是通过拼图、模型等这类操作性强的玩具，提升了玲子的动手能力和逻辑思维能力，这对孩子日后的发展是大有裨益的。当然，在选择操作性强的玩具时，还要考虑到孩子的喜好，毕竟玩具是用来休闲娱乐的，如果不能引起孩子的兴趣，那么玩具也就失去了本来的意义。

在生活中，父母要懂得从点点滴滴入手，培养女孩的动手能力，当你的女儿喜欢上自己动手，和你一同完成一些事情的时候，实际上也培养了她们在生活中的独立性。无论到了哪里，一个心灵手巧的女孩必定都是受人欢迎的，也只有心灵手巧的女孩，才会懂得如何为自己编织精彩的人生，经营生活的点点滴滴。

4. 举手投足，将淑女范培养成习惯

著名教育学家斯宾塞说过这样一句话："一个人全部品德的基础就是礼仪修养，那些不良的举止和不礼貌不文明的行为，不但对孩子自身发展不利，而且也会严重危害孩子的品性。"

方悦尔今年 12 岁，聪明可爱，成绩优异，无论在老师还是在家长心中都是讨人喜欢的优等生。而方悦尔最讨人喜欢的地方，是她一直以来所展现出来的淑女范儿。

不管遇到什么情况，方悦尔从来都不会在公共场所乱发脾气，即便心情不好，或遇到让自己不开心的事情，方悦尔也从来没有大吼大叫过。不管面对任何人，方悦尔始终都表现得彬彬有礼，但凡是认识方悦尔的人都说，瞧着她的一举一动，都感觉像个小大人，一点儿都不像不懂事的孩子。正因为这样，方悦尔成为了众多父母用来教育孩子的好榜样。

其实，方悦尔之所以有这样的淑女范儿，主要还是得益于父母的教育和培养。虽然方悦尔是独生女，但父母从来都不会娇惯她，也绝不会因为心疼她就答应任何不合理的要求。此外，方悦尔的妈妈还常常给她讲解一些有关文明礼仪方面的知识，并时刻不忘以身作则。正是在优雅大方的妈妈影响下，方悦尔有样学样，成为了人们称赞的小淑女。

一位哲人说过这样一句话："那些言行举止得体的人，往往非常谦虚谨慎，从不装腔作势，更不会夸夸其谈、招摇过市，他们总是通过自己的行为来证实自己的内在品质，不愠不火。"

在现实生活中也是如此，凡是那些彬彬有礼、待人谦和，衣着大方得体，谈吐高雅不俗的人，不管在哪里都能获得绝大多数人的喜欢和认可，他们通常也都有着更为和谐圆融的人际关系，更能得到别人的尊重和喜爱，同时也更容易取得人生和事业的成功。可见，周全的礼仪，得体的举止对于孩子未来的发展何其重要。

对于女孩来说尤其如此，相比粗鲁淘气的"野女孩"，知书达理的小淑女显然更讨人喜欢。但在现实生活中，那些动作粗暴、举止粗鲁、淘气任性的"野女孩"却并不少见，一位在某企业做中层管理者的母亲就感叹道："如今在父母的娇惯放纵下，许多孩子都非常淘气，动作举止粗鲁不堪，富有攻击性。我们家那小祖宗平日里还算是乖巧懂事的，可要是赶上她不如意了，那脾气立马就上来，大声叫嚷，还乱摔东西，简直拿她没法子，哪里有半点姑娘样啊！"

育儿论坛中的一位妈妈也无比烦恼地诉苦道："我一直渴望把女儿培养成个小淑女，结果呢，都上初中了，成天还是没个体统，莽莽撞撞的，像个假小子，唉，看着她那粗鲁样儿，我就觉得自己教育孩子也太失败了！"

可见，作为父母，谁都期望自家的小公主能有优雅得体的举止，一举手一投足都能尽显淑女风范。那么，为了将家里的小公主培养成名副其实的小淑女，父母又该怎么去努力呢？

◆ 细节 9：为女儿打造一个良好的生活环境。

正所谓环境塑造人，父母想要把女儿培养成知书达理的小淑女，最行之有效的方式，就是为孩子打造一个彬彬有礼的生活环境，让孩子通过生活中的一点一滴，在举手投足间，将淑女范培养成为一种习惯。

英国人向来以"彬彬有礼"而闻名，在英国，一般的家庭和学校都会有这样一些规定：

早晨起床后，父母与孩子要向彼此问好；

在出门上学之前，母亲会帮助孩子整理衣服，检查纽扣是否扣好，在离家之前，父母与孩子会相互拥抱并亲吻，并对对方说一句"Have a nice day"；

晚上临睡前，父母与孩子会互相道晚安，然后再入睡。

在英国的学校里，学生们在礼仪规范方面也会受到严格管理，比如许多学校都有规定，学生在餐厅就餐时一定要穿戴整齐，并且禁止大声喧哗；吃东西时不能说话，餐盘里也不能剩下食物；如果进餐没有完毕，那么刀和叉应该摆放成"八"字型放在餐盘上，如果进餐完毕，则应该将刀和叉平行放于餐盘上……

正是因为有这样细致而严格的要求，英国才培养出一批又一批讨人喜欢的小绅士和小淑女。

◆ **细节 10：父母要注意自己的言行举止，做女儿的好榜样。**

俗话说："龙生龙，凤生凤，老鼠生来打地洞。"这就是告诉我们，孩子的身上总会有父母的影子，毕竟父母是孩子最为亲近依赖的人，也是孩子的第一位人生导师。因此，想要让女儿成为人人称赞的小淑女，父母首先就得以身作则，给女儿树立一个好榜样。

在生活中，父母要时刻注意自己的言行举止以及穿着打扮，这些都可能成为孩子模仿的对象。古语有云："少年若天性，习惯成自然。"只有从小就帮助孩子养成良好言行举止的习惯，才能让孩子在举手投足之间尽显淑女风范，从而获得他人的认可与喜爱，为以后的人生铺就一条康庄大道。

5.防微杜渐，别让小毛病毁掉女孩的美丽

一位教育学家这样说过："习惯仿佛一条缆绳，我们每日为它缠上一股新的索，不需要多久，它就会变得牢不可破。"

在日常生活中，每个人都有各自不同的一些习惯，既包括好的习惯，自然也包括坏的习惯。习惯是可以养成的，同样也是能够打破的，只不过这是一个长期的过程，不可能一蹴而就。

坏习惯一旦养成，想要改变并不是件容易的事，因此，如果父母希望自己的女儿成为人见人爱的小淑女，就得从小开始，防微杜渐，避免让女孩养成不好的习惯，让那些小毛病毁了女孩的美丽。

米果今年5岁，是个聪明可爱的女孩，大眼睛，长睫毛，长得就像个可爱的洋娃娃。但凡是见着米果的大人，几乎就没有不喜欢她的，毕竟是这么个漂亮的"瓷娃娃"，看着都让人觉得赏心悦目。

但米果有个坏毛病——喜欢乱翻别人的东西。平日在家里，米果就常常会把爸爸妈妈的东西翻得一团糟，可每次爸爸妈妈只要一生气，就会看到米果扁着嘴，一副可怜兮兮的样子，顿时又因为心疼而不忍心责怪女儿，因此，米果这坏习惯一直都没能纠正过来。

有一次，米果爸爸的上司邀请米果一家去做客，到上司家之后，大人们都坐在一起聊天，一个不留神，米果就摸进了书房，好奇地把书桌的抽屉一个个打开，饶有兴趣地翻看。等到米果妈妈发现的时候，米果

已经把上司家的书房弄得一团乱了。

那天，上司正巧在书房的抽屉里放了一份非常重要的合同，被米果一通乱翻之后，那份合同不见了踪影。当下上司虽然并没有说什么，但脸上的表情已经非常不好看。后来没多久，米果爸爸就被调到了公司的一个边缘部门……

可爱的米果原本完全可以成为爸爸的"助力"，帮助爸爸讨得上司的欢心，但可惜，就因为这个喜欢乱翻别人东西的坏毛病，米果不仅没能成为爸爸的"助力"，反而因为给上司造成麻烦，而使上司对爸爸也产生了怨怼。

坏习惯就如同"老鼠屎"一般，一锅粥煮得再香浓可口，只要放下那么一粒老鼠屎，自然就无人问津了。在我们周围，这样的例子不胜枚举，很多时候，那些不起眼的坏毛病往往会给我们带来意想不到的麻烦，让我们失去原本唾手可得的好机会。

所以，为了让女孩未来的路走得更轻松惬意，作为父母，绝不能因为心疼女儿就过分溺爱放纵，必须从小就严格要求，防微杜渐，避免让女孩养成坏毛病。

◆ **细节11：发现坏习惯必须及时纠正。**

习惯的养成不是一朝一夕的事情，好习惯如此，坏习惯也同样如此。很多女孩坏毛病的养成其实都与父母的溺爱放纵脱不了干系，因此，父母在日常生活中应当多给予女孩一些关注，一旦发现她们身上存在某些坏毛病，就及时引导纠正，将这些坏毛病扼杀在"摇篮"里，那么自然就能避免许多麻烦。

很多时候，父母总觉得，孩子年纪小，即便做出某些不恰当的行为，也不是什么大问题，等以后孩子长大自然就懂事了，这种想法是非常不正确的。所谓"三岁看老"，儿时养成的习惯往往可能伴随人的一生，因此，父母应当重视女孩的一举一动，及时纠正女孩不恰当的行为习惯。

◆ 细节 12：教会女孩拒绝诱惑，坚持到底。

坏习惯一旦形成，想要改变是非常困难的，这是一个极其漫长并且容易动摇的过程。因此，父母应当教会女孩拒绝诱惑，坚持到底，一旦决心要改变某个习惯，就得咬紧牙关，不给自己任何借口。人正是在抵抗诱惑的过程中才变得越来越坚定的。

◆ 细节 13：用新习惯代替旧习惯。

要纠正一种习惯不是件容易的事，有时不妨考虑建立一种新的习惯来代替旧习惯，以转移自己的注意力。比如有的孩子有咬笔头的习惯，想要纠正这种习惯，不妨让孩子在想咬笔头的时候就做其他的事情，比如弹手腕上的橡皮筋，通过这种方式逐渐让新的习惯替换旧的习惯，从而达到纠正坏习惯的目的。

◆ 细节 14：适时给予孩子一些奖励。

在帮助孩子改正坏习惯的过程中，每当有进步或突破的时候，父母都应该给予孩子一些奖励，以此来帮助孩子坚定信心，增强动力。毕竟纠正坏习惯不是一朝一夕的事情，需要长期的努力和坚持，而意志力和动力等都是会随着时间的流逝而消耗的，如果不能在适当的时候得到补充，那么孩子很可能因为在中途动摇而功亏一篑。

当坏的习惯被好的习惯逐一取代之后，孩子也将会变得越来越优秀。只有将身上的坏毛病都去掉，家中的小淑女才能真正绽放出迷人的光彩。

6. 懂自律，淑女要会约束自己

在幼年时期，孩子的行为主要是受欲望和冲动所驱使的，由于心智发育不成熟，这一时期的孩子通常都不懂得控制自己的欲望和情感。而据有关专家研究，孩童通常到三四岁之后，才会开始逐渐形成一定的自律能力。

自律能力的养成不仅对孩子身体的成长发育大有裨益，更重要的是，它在很大程度上决定了孩子未来整个人生的发展趋势。从成长发育方面来说，只有懂得自律的孩子，才能更好地控制自己的口腹之欲，从而让身体更加健康强健；而从心理成长方面来说，只有拥有足够的自我管理、自我约束能力的孩子，才能更好地掌控自己的行为，抵御外界的诱惑，从而在未来获得更大的进步和更好的发展。

乔乔今年5岁，漂亮得像洋娃娃一般，特别招人喜爱。但她有个缺点，那就是每次笑起来的时候，都会露出一口虫牙，这让乔乔的漂亮可爱大打折扣。

乔乔和大多数小女孩一样，特别喜欢吃糖果，一吃就停不下来。为了控制乔乔吃糖的习惯，妈妈把家里所有的糖果都藏了起来，就连家里来了客人，妈妈也都特意嘱咐客人，不能给乔乔带糖果。但即便如此，乔乔却总能偷偷翻到妈妈藏起来的糖果，一吃就没个尽头。有时候为了吃糖，还会吵闹个不停。

后来，妈妈想了一个法子，她对乔乔说道："以后妈妈把家里的糖果管理权都交给你，但有个条件，为了你的身体健康，每天只能吃两块糖，如果你能遵守这个约定坚持一个星期，那么等到星期天的时候，妈妈就额外再奖励你一颗好吃的巧克力糖果，好不好？"

乔乔一听，心想，虽然每天只能吃两块糖，但总比没糖吃要好，而且星期天还能多得一颗巧克力呢，怎么想也都不亏，于是就笑眯眯地答应了。

一开始，乔乔还是管不住自己，忍不住多吃糖果，妈妈知道以后并没有批评她，只是对她说道："做人一定要讲信用，答应过妈妈的事情，一定要努力做到。"

过了一段时间以后，妈妈惊喜地发现，乔乔已经学会克制自己吃糖的欲望，开始严格遵守约定，每天只吃两块糖了。

乔乔的妈妈很聪明，她明白，想要彻底改善女儿的蛀牙情况，光靠自己围追堵截是没有用的，只有让女儿学会自律，控制自己的欲望，才能真正改善这一情况。更重要的是，在这个过程中，还能培养女儿的自制能力，让她明白如何节制自己的欲望，控制自己的行为。

美国一位心理学家做过这样一个实验：他们将几个孩子带到一个房间里，并在房间的桌上放一碗巧克力豆，然后告诉孩子们，半个小时之内不要动桌子上的巧克力豆，如果能够做到，那么将会得到双倍的奖励。

结果半小时之后，只有一个孩子没有碰巧克力豆，实验人员给了他双倍的奖励，至于其他没有遵守约定的孩子，自然没有得到巧克力豆。

在第一次实验结束之后，实验人员和孩子们进行了一番谈话，告诉他们，懂得在短时间内控制自己的欲望，往往能够得到更大的好处。此后，实验人员又反复进行了三次实验，在最后一次实验中，所有的孩子都控制住了自己的欲望，在半小时内没有碰巧克力豆。

可见，自律能力并不是与生俱来的，而是可以通过系统的训练逐步培养起来的。那么，在帮助孩子培养自律能力的时候，父母具体应该怎样做呢？

◆ **细节 15：适度放手，让女孩学会独立面对。**

所谓放手，当然不是让父母对女孩放任不管，而是指在一定程度上逐步放手，不要总想着事事包办，要让女孩有独立处理问题的机会。比如在做作业的时候，有的父母为了保证女孩做作业的效率，可能会采取"盯梢"的办法，一直在旁督促。这样确实可以有效地提升女孩做作业的效率，但却不能培养女孩的自律能力。

在父母放手前期，由于缺乏经验，孩子在面对一些问题时可能不知道该如何处理，这种时候，父母一定要多鼓励孩子勇敢地进行尝试，只有在不断的尝试中，孩子才能取得进步，最终学会独立解决问题。比如当孩子为穿哪件衣服而犹豫不决时，父母可以为孩子提供一些选择，然后鼓励孩子做出最终决定。

◆ **细节 16：以身作则，成为女儿的好榜样。**

没有哪一个孩子是天生就懂得自律的，自律能力的培养实际上就是与欲望相抗衡的一个过程。在帮助孩子培养自律能力时，如果父母只会对孩子说教，讲大道理，那么反而可能会引起孩子的反感，起不到任何效果。父母应当学会以身作则，用自己的实际行动来给女孩树立一个好榜样。

◆ **细节 17：学会预告，给女孩接受的空间。**

父母在向女孩提出要求，尤其是不允许女孩做某些事情的时候，最好能提前一些，给女孩一个准备和接受的时间。比如当父母发现女孩看电视时间过长，希望她能关掉电视，回房温习的时候，可以提前一段时间，和女孩约定好关闭电视的时间，让女孩有时间进行心理建设。这样做可以让女孩有时间来处理内心不情愿的情绪，然后慢慢适应，从而学会独立处理内心的不良情绪。

孩子的内心是纯洁无瑕的，也正因为如此，所以孩子在做事时往往都是遵循本心，以自我为中心的。在孩子的成长阶段，意志和人格都还不健全，父母应当给予孩子正确的引导，让孩子明白自律的重要性，从而能够更好地掌控自己的行为。

Chapter 2 建立礼仪规范，女孩就要知书达理

以貌取人是不对的，但这是我们评价一个人最基础的东西。我们没有办法了解一个刚刚认识的人，因此我们只能从外表所看到的东西来评价。而能给人留下良好第一印象的除了外貌，就是规矩、礼节和气质了。一个知书达理的女孩，谁不喜欢呢？

1. 礼仪，为女孩的品位加分

英国教育家斯宾塞说过这样一句话："礼仪修养是一个人全部品德的基础，不礼貌不文明的行为，既不利于孩子自身的发展，也严重危害孩子的品性。"

一个礼仪周全的人，无论在什么场合，什么时候，都是不会让人生出反感的，对于女孩来说更是如此。一个女孩平时的举手投足，一言一行，都会将她的内涵与气质表现得淋漓尽致，而礼仪周到、举止优雅显然正是能够为女孩品位加分的"利器"。

为了将女儿送入一所有名的私立小学，张女士托了不少人，这才终于争取到一个和学校负责人吃饭的机会。

为了让女儿给对方留下好印象，张女士特意给女儿精心地打扮了一番。可在饭桌上，女儿的表现却十分不雅，不仅饭粒掉得到处都是，还如同平时在家里一样，任性地把自己喜欢吃的菜都挪到自己面前。

张女士感到非常尴尬，一边呵斥女儿，一边不住地道歉。虽然大家都表示孩子还小，不用太在意，但张女士依然感到非常忐忑。最终，女儿果然没能取得入学名额，张女士始终觉得，正是那场饭局，成为了女儿入学失败的关键原因。

当然，张女士的女儿没能取得入学名额，未必就与那场饭局有关，但至少我们能肯定的一点就是，张女士女儿在饭局上毫无礼貌的表现，必定是不会成为她的"加分项"，给学校负责人留下什么好印象的。优雅的气质就像漂亮的衣服一般，能够让女孩改头换面，让人眼前一亮。一个懂得礼仪的女孩，一举手一投足都是让人感到舒服、喜欢的。

人人都希望自家的女儿成为人见人爱的小淑女，但在生活中，由于父母的娇惯，不少可爱的"小棉袄"却被养成了"小刺猬"，这也让父母们总是头疼不已。其实，每位父母都应该明白一点，优雅的言谈举止并非与生俱来的，是需要父母不断努力才能培养起来的。但面对娇贵的女儿，不少父母也都困惑不已，究竟该怎么做，才能塑造出美丽可爱的小淑女呢？

◆ 细节 18：让女孩明白，什么是"懂礼貌"。

很多父母在发现女孩有不礼貌的行为时，都会对其进行训斥和批评。当然，有错就要批评，这一点无可厚非，但相比批评来说，更重要的应该是告诉女孩，她究竟做错了什么，为什么会受到批评，以及正确的做法应该是什么样的。

很多女孩之所以会做出一些不礼貌的行为，恰恰正是因为她不懂这样做究竟错在哪里，也根本不知道应该怎样去做，而父母一味的训斥也并不能让她变得"懂礼貌"。所以，父母应当有意识地在不同场合，根据不同的情况来教会女孩究竟应该怎样应对。比如对长辈说话要用"您"；接受了别人的帮助要说"谢谢"；遇到了长辈要先打招呼……礼貌正是通过这些细节体现出来的。

◆ **细节 19：教授礼仪要具体，告诉女孩究竟应该怎样做。**

很多父母在教育女儿的时候，常常会把诸如这样的话挂在嘴边："女孩要有女孩样，要文静。"这样的说法没有什么错，但实际上却也是极其空泛的。孩子并不能理解，所谓的"女孩样"、"文静"，究竟应该是什么样子。

所以，在教导孩子的时候，一定要懂得从具体细节入手。比如培养女孩的礼仪，不能只粗略地告诉她要"有礼貌"，而是应该具体教导她，在什么样的场合下，应该有什么样的行为举止，这远比空洞地告诉她"要有女孩样"有效得多。

此外，父母也可以考虑借助图书或电视的帮助，来教导女儿一些必要的礼仪规范。当然，最好选择简单易懂且带有图片的书籍，至于电视节目，则可以选择一些轻松有趣的大型综艺，比如选美大赛等。

◆ **细节 20：规范礼仪，让优雅成为一种习惯。**

一个人的礼仪和教养不是靠嘴巴说出来的，而是从一举手一投足的细节中体现出来的。对于真正懂礼仪的女孩来说，礼仪已经成为了她的一种习惯，就像吃饭睡觉一样自然。而要做到这一点，就必须经过不断的练习，在多次重复的基础上，自觉地去做，从而形成这种习惯。当礼仪渗透女孩的一言一行时，优雅的气质自然而然也就体现出来了。

◆ **细节 21：人际交往，餐桌礼仪很重要。**

人际交往离不开饭局，而一个懂得餐桌礼仪的小淑女，相信不管在什么场合，都会显得非常有教养，赢得众人的交口称赞。

想要让自己的女儿成为饭桌上的小淑女，父母就要懂得在生活中培养女儿良好的就餐习惯，比如在平时就餐时，就要时刻注意女儿的坐姿和吃相，也可以和女儿展开讨论，要如何就餐才能让自己显得更有修养。此外，一些必要的餐桌礼仪也是不得不了解学习的，比如中餐的餐桌礼仪和西餐的餐桌礼仪就有一定差距。

当父母能够耐心地将这些"营养"一点点灌输到女儿的习惯中时，你的"小淑女"便会就此诞生，相信在多年后，她必定可以出落成一个举止优雅、谈吐大方的优秀女性。

2. "说"出来的修养

每位父母都渴望将女儿培养成为谈吐优雅的小淑女，优雅的谈吐不仅能够让女孩更有气质，也能更好地凸显女孩的内涵，让女孩更受他们的喜欢。

试想一下，如果一个外表漂亮的女孩，开口却全都是脏话，粗俗不堪，那么她的形象和气质恐怕会大打折扣，从而也很难得到他人的喜欢。但如果一个女孩，即便外表不是那么出色，只要她谈话彬彬有礼、温文尔雅，那么也必然能引起他人的好感，让她不逊色于那些漂亮女孩。这就是气质与修养的魅力所在。

卢燕长得非常漂亮，但人际关系却一直都不太好，不仅没什么可以交心的朋友，就连恋爱也总是不太顺利，而这一切归根结底，都是因为她不懂得分场合说话。

有一次，卢燕的一个同事给她介绍了一个男朋友。两人刚见面，卢燕靓丽的外表就引起了男士的好感，男士也非常热情地邀请她一起喝咖啡聊天。起初两个人相处得还算不错，但最终的结果却是不欢而散。

后来，卢燕的同事私下里询问了那位男士，那位男士苦笑着说道："你介绍的这位美女，我实在消受不起。每次我一说话，她就要插嘴打断，这都没什么，还当面挑剔我领带配得不好，车的颜色和皮鞋的颜色不配……最可恶的就是，一边问我喜欢的女明星是谁，一边又把那女明星批评得体无完肤……"

在生活中，像卢燕这样的女孩子数不胜数，她们喜欢随心所欲，想到什么就说什么，从来不顾及场合和他人感受，但这样"直爽"的女孩却往往是让人消受不了的。身为母亲，谁都希望自己的女儿能够成为众人交口称赞的对象，受到大家的喜爱，而要做到这一点，优雅的谈吐和得体的举止绝对是必不可少的。

一个谈吐优雅的女孩，绝对不会随便打断他人的讲话；一个谈吐优雅的女孩，会时刻谨记餐桌礼仪，避免做出不雅的事情；一个谈吐优雅的女孩，在接人待物时总是不卑不亢；一个谈吐优雅的女孩，始终会记得将"谢谢"，"请"挂在嘴边……而作为女孩，也只有具备了优雅的谈吐，才可能成为合格的淑女，让自己拥有超凡的魅力。

罗马不是一天建成的，优雅的谈吐也不是一时就能培养的。塞德兹曾经说过："人如同陶瓷器一样，小时候就会形成一生的雏形。人在幼儿时期就好比制造陶瓷器的黏土，给予什么样的教育就会形成什么样的雏形。"由此不难看出，孩子的人格及品质，与父母的教育息息相关。

那么，作为父母，怎样才能帮助女儿培养高雅的谈吐，让女儿"说"出修养，"说"出气质呢？

◆ **细节 22：抓住女孩学说话的"黄金阶段"，培养良好语言习惯。**

开始张口说话的时期，就是女孩培养说话习惯的"黄金阶段"。在这一阶段，女孩学习说话的主要方式就是模仿周围的大人，如果细心观察，你一定会发现，很多女孩在幼年时期说话的习惯用语，和她周围亲近的大人是非常相似的，常常会冷不防就冒出一个曾从大人口中听到的词语。所以在这一时期，父母在孩子面前说话　定要注意，因为父母的说话方式和常用词汇往往会对孩子今后的谈吐造成巨大影响。

父母如果希望培养女孩优雅的谈吐，不妨充分抓住这一时期，多花点时间和功夫，让女孩从张口说话时便能培养起良好的语言习惯。

◆ **细节 23：把握细节，教导女孩如何用正确的态度与人说话。**

在与人说话的时候，所表现出来的态度也是非常重要的信息之一。即便是同样的一句话，用不同的态度说出来，带给别人的感受也可能是天差地别的。比如在与人交谈时，如果你想要获得他人的好感和信任，那么诚恳的态度就是必不可少的。

父母应当从小就有意识地教导女孩一些与人谈话时的常识，比如在谈话过程中不要总是喋喋不休，但也不宜一直沉默寡言；要优雅大方，不要扭捏羞涩；要懂得尊重对方，不要随意打断他人发言等等。

此外，还有一些需要注意的说话习惯，也是父母应该从小就帮助女孩培养的，比如和别人说话时，最好平视对方的眼睛，不要东张西望；在说话的时候，要根据自己想传达的内容和情绪，适当调整自己的语速和语调；注意说话的场合和对象，一定要搞清楚，哪些话能说，哪些话不能说。

◆ **细节 24：激励为主，批评为辅，别让女孩害怕说话。**

孩子尚且年幼时，往往可能因为心思单纯，考虑得少而说出一些冒犯别人的话，在这种时候，父母千万不要急着责骂孩子，而是应该以教导为主，引导孩子学会说得体的话。如果总是一味责骂，则可能让孩子心生恐惧，陷入情绪低潮，甚至以后不喜欢张口说话。

孩子的心灵是非常脆弱的，想要让他们做一件事情，与其勒令批评，倒不如侧面鼓励，用提示和表扬的方法引导他们去做正确的事情。比如，当你看到女儿狼吞虎咽地吃饭时，千万不要脱口而出诸如"你真没有教养，吃饭的时候慢点不行啊？"之类的话，而是应该以诸如"我们家的规矩好像是女孩吃饭要淑女哦"这样委婉的提示来告诫女儿，这样说不仅更容易让孩子接受，同时也不会伤害到孩子敏感脆弱的心灵。

当你真正做到以上几点，相信你的女儿以后一定会成为人见人爱的小淑女。

3. 不纵容，女孩不能太泼辣

当孩子向你提出不合理的要求时，你会明确表明立场，认真拒绝孩子的要求吗？关于这一点，很多父母显然都做不到。有的父母是出于对孩子的宠爱，于是总想倾其所有地去满足孩子的要求；有的父母则是因为怕麻烦，于是便以纵容的方式来安抚孩子，以免孩子过多纠缠。不管是出于哪一种想法，总之父母的退让和纵容，只会让孩子难以树立正确的挫折观和价值观，变得越来越任性，越来越泼辣。

父母一定要明白，不管你是因为溺爱还是因为怕麻烦，你的"全盘答应"都会成为孩子身上的一颗"定时炸弹"，让孩子的未来充满诸多难以掌控的不确定性，盲目而不理智的爱往往也是一种伤害。

形形是家里的独生女，从小身体就比较弱，因此爸爸妈妈一直都非常宠溺她，而这也养成了形形娇惯任性、刁蛮泼辣的坏脾气。

从小到大，爸爸妈妈都非常娇惯形形，很少拒绝她提出的要求，哪怕有时候她提出的要求不是那么合理，但只要哭闹一番，爸爸妈妈往往都会选择让步，久而久之，形形也抓住了这一"窍门"。

形形非常喜欢芭比娃娃，每次看到自己没有的芭比娃娃，都会缠着爸爸妈妈给她买，虽然她房间里已经摆放了十几个不同造型的娃娃，但每次只要一哭一闹，爸爸妈妈也只能无奈地再掏钱买给她。

有一年过年的时候，爸爸妈妈带着形形去走亲戚，亲戚家也有个年纪和形形差不多大的女孩，恰巧那天亲戚家一个朋友从国外回来，带了一个限量版的芭比娃娃送给亲戚家的小女孩。看到那款漂亮的娃娃，形形爱不释手，到要离开亲戚家时，形形也不肯把怀里的娃娃放下，不管爸爸妈妈怎么跟她讲道理她都不听。

看着形形不听话的样子，爸爸生气地教训了她两句，结果形形抱着娃娃直接在亲戚家放声大哭起来。亲戚本想说几句客套话，把娃娃送给形形，不想亲戚家的小女孩也委屈地扁了嘴，大声哭起来……

现代家庭大多都是独生子女家庭，几个大人围着一个孩子打转，加上不少父母都有"娇养"女儿的观念，结果硬生生养出了不少任性又泼辣的"娇娇女"。就像形形，如果不是父母一再的纵容，让她以为通过哭闹耍赖就能达到自己的目的，她也不会变得这样不讲道理，大过年的在亲戚家"耍威风"。可见，女孩可以宠，却不能太纵容，否则等家里纵出个"小泼妇"的时候，再后悔也来不及了。

作为父母，我们可以给予孩子无限的关爱，却不能给予孩子没有原则的纵容。尤其是当孩子提出无理要求的时候，父母一定要态度坚决地对孩子说"不"，让孩子明辨是非，知道什么事情可以做，什么事情不可以做。

为了教养出明理的女孩，有这么几个方面是每个父母都应该注意的：

◆ **细节 25：设定底线，原则问题不让步。**

正所谓"无规矩不成方圆"，在教育孩子的时候同样如此。很多父母在教养女孩的时候，虽然会给她设定许多"规矩"，规定她什么能做，什么不能做。但在切实执行时，不少父母又总是会因为心疼女孩受委屈，不断地退让，拉低为女孩设定的"底线"，或者为了避免麻烦，用优柔寡断的态度模棱两可地暂时"哄骗"女孩，从而让女孩有了可乘之机，认为不论什么样的规矩都是可以随意破坏的。一旦女孩形成了这样的观念，那么之后父母想要再管教好女孩，就难上加难了。

因此，作为父母，当面对女孩提出的不合理要求时，绝对不能为了迁就或心疼女孩，就毫无原则地做出退让和妥协，而是应该斩钉截铁的予以回绝，告诉女孩规矩的神圣和不容侵犯。人生在世，无论做什么，都一定要有底线和原则，而底线和原则是坚决不能让步的。

◆ 细节 26：鼓励孩子多参与家务劳动。

泼辣的女孩谁都不喜欢，而女孩的泼辣往往都是父母娇惯出来的。很多父母因为舍不得孩子，或耽误孩子的学习，常常帮孩子包办了生活里的一切事情，养成了孩子衣来伸手、饭来张口的坏习惯。当孩子习惯这种养尊处优的生存方式之后，便会以为父母的一切付出都是理所应当的，根本不懂得体会父母的艰辛。殊不知，在家里，父母可以娇惯宠溺孩子一世，但在社会上，谁又可能事事顺从于你呢？生活总归是得自己过的，父母的娇惯和宠溺终究会成为孩子成长路上的最大障碍。

想要让孩子明白付出才能获得回报的道理，父母不妨让孩子多参与一些家务劳动，由此才能让他们明白生活的不容易，也才能理解自己的无理要求会为别人带来多少麻烦。

◆ 细节 27：立场要坚定，不能出尔反尔。

父母在拒绝孩子的时候，立场一定要坚定，不能因为孩子撒娇卖乖，或哭泣耍赖就轻易推翻自己的决定。有时候哪怕发现一些不妥的地方，也不能当场反悔，可以等到事后再进行弥补，否则容易给孩子留下父母说话不算话，立场不坚定的不良印象，有损父母在孩子面前的威严。

拒绝本身就不是一件愉快的事情，但生活却又是不能缺少拒绝的。父母拒绝孩子的不合理要求，或许会让孩子陷入短暂的悲伤和难受中，但从长远来看，却能帮助孩子尽快树立正确的观念和形成对生活的正确认知，让孩子在未来的道路上走得更稳、更远。

因此，不管是为了家庭的幸福，还是为了孩子的将来，父母都一定要懂得对孩子说"不"，只有这样，才能走出溺爱的误区，避免纵容出泼辣任性的女孩。

4. 冷淡计，制约女孩的无理取闹

生命的降生总是令人欣喜的，对于父母来说，看着一个幼小的生命，在自己的呵护下，从呱呱坠地到蹒跚学步，这一天天的成长都是令人欣喜万分的。也正是带着这份欣喜，父母对孩子的爱总是在不知不觉间便"膨胀"起来，含在嘴里怕化了，捧在手里怕丢了，恨不得倾其所有，将世界上一切好东西都捧到孩子跟前。

然而，父母们不知道的是，当这种关爱超过一定范畴，变成一种溺爱之后，将会让孩子逐渐变成一个只会以自我为中心、自私自利、缺乏责任感、不懂得尊重他人的人。过犹不及，说的正是这个道理。

一大早，王女士的女儿妮妮就在家里闹腾，一会儿嫌王女士给她准备的裙子和鞋子不搭配，一会儿又嫌王女士买回来的豆浆油条不好吃。

偏偏这天早上，王女士的丈夫出差了，原本帮忙带孩子的爷爷奶奶也去了医院做定期体检，无奈之下，王女士只得一个人手忙脚乱地安抚妮妮，帮她重新挑选裙子，又到厨房做了一份鸡蛋饼。

面对王女士的迁就，妮妮却依旧不满意，只吃了一口鸡蛋饼就又开始吵吵嚷嚷着要吃楼下卖的小笼包。王女士训了妮妮两句，妮妮干脆发脾气跑到自己的房间，不吃早餐也不去上学。无奈之下，王女士只得又赶紧下楼，给妮妮买了小笼包，又买了她平日最喜欢的八宝粥，结果随便啃了两口，妮妮又把这些东西都丢下了……经过一早上的来回折腾，王女士总算顺利把妮妮送去了学校，但一看时间，她上班又迟到了。

王女士感到非常苦恼，她其实很清楚，妮妮折腾来折腾去，并不是真的想吃鸡蛋饼或小笼包，不过是因为头天晚上作业没做完，王女士不让她看动画片，她心里不高兴，故意来无理取闹的。可是，面对着胡搅蛮缠、无理取闹的女儿，王女士也不知该如何是好了！

妮妮确实非常任性，仅仅因为自己不开心，妈妈没有事事都顺着自己的意，就胡搅蛮缠、无理取闹，完全不懂得设身处地地为妈妈想一想，实在是有些自私了。但这样的局面显然并不完全是妮妮一个人的责任，毕竟如果没有王女士日积月累的纵容和让步，妮妮又怎么有胆量在家长面前这样无理取闹呢？

许多父母都说："我们想给孩子最好的一切，尽自己所能让孩子活得开心快乐。"可怜天下父母心，有这样的想法并不奇怪，但父母们不应忘记一个词——恃宠而骄，过多的宠爱往往可能成为一种"毒药"，让孩子在不知不觉中变成一个缺乏爱心与孝心的人。

有这样一则故事：

很久以前，有个农夫养了一只鹰，他很喜欢这只鹰，对它照顾得无微不至，每顿饭都喂得它饱饱的。

随着鹰逐渐长大之后，小小的笼子已经不再能让它满足了，于是有一天，趁着农夫不注意的时候，这只鹰振翅高飞，离开了笼子。

鹰的离去让农夫感到非常伤心，但同时也感到些许欣慰，就好像自己的孩子终于长大，向着他的天空奔去了一般。可没想到，有一天，农夫却在后山发现了那只鹰的尸体，农夫很伤心，但同时也感到很奇怪，他不知道鹰到底是怎么死的。

后来，农夫剖开了鹰的肚皮，他发现，鹰的腹内空空如也，它居然是被饿死的！原来，在农夫无微不至的照顾之下，过着养尊处优生活的鹰早已经失去了捕猎的能力，在离开农夫之后，便只剩死路一条了……

孩子就像故事中的鹰一样，总有一天要振翅高飞，去追逐属于他们自己的蓝天。对于孩子的成长来说，父母的放手便是能够给予他们最大的帮助。只有懂得放手，让他们自己去学会处理生活中一点一滴的事情，孩子才能真正获得成长，有足够的能力向着天空去"飞翔"。

真正对孩子负责的父母，不是一味迁就，更不是毫无原则的退让和妥协，而是应该让孩子学会独立行走，学会独自面对生活的风雨，明白什么事情该做，什么事情不该做。尤其在面对孩子的无理取闹时，父母更是不能心软，一定要坚决表明自己的态度：不管怎么哭闹，都绝不会满足孩子不合理的要求。

需要注意的是，女孩的心思通常都是敏感而纤弱的，在处理女孩闹别扭、无理取闹的情况时，父母一定要有耐心，既不能对孩子百依百顺，也不要用过分激进的言辞刺激女孩，最好先进行"冷淡"处理，待安抚好女孩的情绪之后，再进一步向她阐明道理。

◆ 细节 28：转移注意力，避免正面冲突。

在孩子无理取闹的时候，父母首先应当做的就是让自己冷静下来，这种时候不管是一味的责骂还是讨好，都只会让孩子的情绪越来越激动。通常来说，越是年幼的孩子注意力就越是不容易集中，父母不妨找一些让孩子感兴趣的事情来转移他们的注意力，以此来平复他们激动的情绪。只要能够成功转移孩子的注意力，那么即便父母不再说什么，孩子也会很快忘记自己的无理要求。

◆ 细节 29："冷"处理。

当转移注意力这个办法行不通的时候，父母一定要耐下性子，不能轻易对孩子妥协，以免助长孩子的脾性。这种时候，父母不妨采取"冷"处理的方法，在确保孩子人身安全的前提下，暂且将孩子"丢"到一边，去做自己的事情。要知道，很多时候，孩子的无理取闹就像是为了吸引父母注意的表演秀一般，父母作为观众，反应越强，孩子的"表演欲望"也就会越强。反之，如果父母对孩子的"表演"反应冷淡，那么他们的表演欲望自然也会随之而降低。

◆ 细节 30：谈心，了解无理取闹背后的"理"。

在经过"冷"处理之后，等孩子的情绪平复下来，父母就该和孩子谈心，教导孩子了。如果每次孩子无理取闹完之后，父母就当没有这件事，那么孩子永远不会明白自己做这件事情是错误的，也很难从中吸取教训。

再者，很多孩子无理取闹往往都有自己的想法和理由，如果父母不能了解孩子心中真正的想法，帮助孩子解决问题，那么即便能够平息这一次的"闹剧"，也不过是"治标不治本"罢了。

当然，需要注意的是，孩子的坏脾气不是一天就能养成的，自然也不可能一两次就改正，这是一个无比漫长的过程，父母应当有耐性，坚持到底，这样才可能真正帮助孩子改掉自己的坏脾气，让孩子明白事理，彻底消除无理取闹的坏毛病。

5. 适度惩戒，女孩不准说脏话

天下的父母都希望自家的小女儿是乖巧可爱的，谁都不希望女儿变得粗俗不堪，口出脏话，试想一下，一个可爱漂亮的小姑娘，说出的话却粗俗不已，而且不引以为耻反而一脸自豪，那是多么令人难过啊！

但在现实生活中，很多父母明明已经非常注意，却还是可能冷不丁就从自家女儿口中听到一些不雅的词句，实在是防不胜防。很多父母都觉得很疑惑，也没听到有人教女儿说那样粗俗的话，怎么女儿就偏偏学会了呢？莫非真是学坏容易学好难？

王女士一直希望把女儿欣欣培养成能出口成章的小才女，所以从小就开始教欣欣背古诗词，平时和欣欣说话也都非常注意。

一天傍晚，吃过晚饭之后，王女士带着欣欣在小区散步，小区中心有一片很大的草坪，草坪中央有一个漂亮的花圃，欣欣最喜欢到那里玩。

但那天，王女士带着欣欣去到花圃后，却发现花圃里的花少了许多，不知道被谁摘走了。看着这一切，欣欣不高兴地嘬起了嘴，脱口而出一句："哪个王八蛋弄的？！"

听到女儿的话，王女士顿时大惊失色，怎么也没想到，自己可爱的女儿会说出这样粗鲁的话，平时也没有这样教过她呀！

当然，听到年幼的孩子说脏话固然是件令人颇为不愉快的事情，但我们也应该明白，很多孩子说脏话，并不意味着他们就变坏了，事实上他们可能甚至不明白这句脏话究竟是什么意思，只是因为好奇或者好玩便学了去。

面对这种情况，父母只要能够给予孩子正确的引导和教育，便完全不必为此而感到忧虑。但需要注意的是，在听到女儿说脏话后，不管父母有多么不愉快，都不应该不分青红皂白地斥责女儿，甚至采取暴力手段，否则很容易适得其反，激起孩子的逆反心理。

那么，针对女孩说脏话的问题，在这里有一些建议，可供父母们参考。

◆ 细节31：及时制止，让女孩知道说脏话的坏处。

语言习惯的养成不是一朝一夕的事情，当父母发现女孩有说脏话的苗头时，不要着急发怒，而是应该在第一时间明确告诉女孩说脏话的危害，让她明白，这种行为是非常不正确的，不仅伤人害己，而且还是一种缺乏修养和礼貌的行为。只要让女孩从心底反感说脏话，以后她自然会自觉地矫正自己的语言习惯。

相反，如果父母只顾着发怒和批评女孩，却不能让她明白自己究竟错在哪里，那么反而可能会激起女孩的逆反心理，非要和父母"对着干"，甚至可能让女孩从此阳奉阴违，当着父母的面不说脏话，但背地里反而越发放肆。

◆ **细节 32：注意女孩的语言环境，找到说脏话的根源。**

模仿是孩子在成长中向外界学习的重要方法，年幼的孩童缺乏是非观，并不懂得分辨哪些行为是好的，哪些行为是坏的，电视、电影、父母、同伴们的一言一行，都会成为他们模仿和学习的对象。

就像欣欣那样，虽然王女士一直很注意自己在欣欣面前的言行，也一直很用心地教导欣欣，但在日常生活中，除了妈妈王女士之外，欣欣还会接触到许多不同的人，王女士可以控制自己的言行，却无法控制别人的言行。

因此，为了避免孩子养成说脏话的坏习惯，父母应该时刻注意孩子所处的语言环境，不仅自己要做好表率，带头说文明语言，更要注意女孩平日接触到的人，以及听到的话语，找到影响女孩说脏话的不良因素，从根源上掐断这种不良干扰。

此外，在选择适合孩子观看的电视节目时，父母也一定要慎重，许多电视节目为了效果，往往可能会说出一些不太合时宜的话，这样的话大人可以自行判断，但年幼的孩童却往往只会有样学样。一旦发现女孩学会某些不太合时宜的粗话时，父母一定要立即指出并帮助女孩纠正。

◆ **细节 33：换位思考，让女孩学会用文明语言表达激烈情绪。**

小丽的外婆是个脾气暴躁的老人家，常常一言不合就会和别人争吵起来，在争吵过程中就难免会带出不少不太文明的用语。小丽从小是外婆带大的，自然也受到了外婆的影响，常常会口吐"脏言"。为了纠正小丽这种坏习惯，妈妈批评过她很多次，但小丽却始终屡教不改。为了让女儿明白，说脏话是件非常不好的事情，妈妈苦思冥想之后，终于想到一个好办法。

在一个周末的下午，小丽妈妈买了不少好吃的带回家，顺便还把邻居家一个年龄和小丽相仿的小女孩果果也给领了回来，让她和小丽一块玩。果果和小丽一样，平时也习惯口吐"脏言"，父母都感到无可奈何。

一开始，小丽和果果玩得还挺开心，但后来不知怎么的，两个人似乎发生了一些争执，之后就谁也不理谁了，直到晚上果果离开，两个人也再没有说一句话。

果果刚一走，小丽就跑到了妈妈面前，嘟着嘴不高兴地说道："妈妈，以后不要让果果再到家里了，我再也不和她玩了，我讨厌她！"

妈妈疑惑地问小丽："这是为什么呀？"

小丽撇了撇嘴说道："她和我抢好吃的，我不给她，她就骂我是蠢蛋，我讨厌她！"

听了小丽的话，妈妈说道："果果对你说了粗话你不高兴，那你说脏话被别人听到的时候，别人是不是也会觉得不喜欢你，不愿意和你一起玩了呢？"

听到妈妈的话，小丽瞪大了眼睛，自己想了许久之后才认真地说道："嗯！妈妈，我以后再也不说脏话了！"

很多时候，孩子之所以说脏话，是因为他们不明白这件事是不对的，会伤害到别人，所以，父母应该教会女儿换位思考，让她知道，说脏话不仅不能解决问题，反而可能伤害到别人，同时也损害自己的形象。小丽妈妈非常聪明，在数次批评小丽无果之后，小丽妈妈用这样的方式让小丽体会到了听到别人说脏话时的心情，从而让小丽主动改掉了自己说脏话的坏习惯。

父母常常觉得孩子年纪小，不懂事，但其实，孩子并不是不讲道理，只是缺乏足够的生活经验罢了。父母应该做的，不仅仅是告诉孩子什么事情不能做，什么事情必须做，而是应该让他们明白，为什么这些事情不能做，为什么这些事情必须做。只有明白了这些，孩子才能明辨是非，主动约束自己的言行。

此外，很多人之所以说脏话，其实只是想要宣泄内心的负面情感，但一时之间又找不到适合的方式。在这种时候，父母除了纠正女孩的不良习惯之外，还要教会女孩，如何用文明的方式来宣泄情感，比如想要表达气愤、激动情绪和处理矛盾时，可以对与自己发生争执的人说诸如"你住口"、"请你走开"、"你不讲道理，我很不高兴"等文明的话语，或自己主动走开。要知道，情绪只能疏，不能堵，一味压制往往只会适得其反。

Chapter 3 琴棋书画从小苦练，
为女孩艺术修养做好铺垫

艺术可以陶冶人的情操，可以提升人的气质，可以丰富人的感情，可以开阔人的眼界。学好一门艺术，可谓是有百利而无一害。人的世界观、价值观和人生观是在不断成长中形成的，一旦三观形成，学习艺术就不那么容易了。所以，艺术修养要从小打下基础。

1. 音乐，熏陶女孩的艺术气质

对于音乐，著名作曲家、音乐评论家德彪西曾这样说过："音乐是热情洋溢的自由艺术，是室外的艺术，像自然那样无边无际，像风、像天空、像海洋。"

不少研究也都表明，音乐能够荡涤人的心灵，让人变得更加灵动，让烦躁的心情得以暂时远离尘世的喧嚣，让灵魂可以体会到生活的美好和生命的真谛。当一串串美妙的音乐在我们耳边流淌时，我们的心情也似乎随着音符的激荡而心潮澎湃，从而让我们收获精神的愉悦与乐趣。

对于女孩的成长来说，音乐更是有着不可估量的作用，一个沐浴在音乐海洋中成长的女孩，能够更深切地感受到生活的美好，能够拥有纯洁的心灵，不会被外物的污浊所污染，无论世事如何变迁，岁月如何流逝，也保留一颗初心。

雯雯是个很有音乐天分的女孩，在很小的时候，妈妈就发现了雯雯的这一特长，因此从上小学时候开始，妈妈就给雯雯报了一个音乐特长班。雯雯本身就很喜欢音乐，在妈妈的引导和老师的鼓励下，对音乐就更加痴迷了。

自从开始上音乐特长班之后，雯雯变得比从前更加活泼灵动了，每次家里来了客人，雯雯都会大大方方地给大家唱首歌，或者用钢琴弹奏一曲，每当她沉浸于音乐世界中时，脸上都洋溢着幸福的微笑。

音乐能够提升女孩的个人修养，懂音乐的女孩，通常都具备一种独特的气质，仿佛整个人都环绕着迷人的芬芳。音乐能够引起灵魂的共鸣，音乐鉴赏对于女孩来说不仅仅是一项高雅的才能，更能帮助女孩提高自身的灵动性，排除外界的干扰。音乐的独特魅力并非与生俱来的，而是需要在艺术世界中不断浸淫和培养才能修炼起来的。因此，在培养女孩的时候，父母不妨利用音乐来熏陶女孩的艺术气质，为她们人生的幸福加大砝码。

当然，有的父母也许会说：我的女儿没有音乐天赋，学习音乐也不会有什么大出息，只会浪费钱；我的女儿根本不喜欢音乐，与其逼着她去学自己不喜欢的东西，还不如好好学习呢……诚然，天赋不可强求，但兴趣却是可以培养的。让女孩接触音乐、了解音乐、感受音乐，能够提升她们内在的气质，有百利而无一害。父母需要做的，是顺其自然，让女儿能够在音乐的激荡中感受生活的乐趣。

那么，在利用音乐熏陶女孩的艺术气质时，父母究竟应该做些什么呢？

◆ **细节 34：环境最能熏陶人，给女孩一个良好的音乐环境。**

环境是最能熏陶人，也最能影响人的，所以，想要让女孩对音乐产生兴趣，并从中熏陶出艺术气质，最好的方法无疑是为女孩创造一个良好的音乐环境，让女孩在潜移默化中习惯音乐，接受音乐，甚至将音乐看作是生活的一个部分。比如父母可以在平日多播放一些音乐，并引导女孩多听、多唱，把音乐与生活融为一体。

需要注意的是，不同的音乐往往会引发人不同的感情共鸣，因此，在播放音乐时，一定要结合当下的情况和场景来选择合适的音乐，根据不同的气氛播放不同类别的乐曲，这样才能让音乐真正融入生活，与女孩引起共鸣。

很多父母可能会担忧，万一自己的女儿不具备音乐天赋怎么办？其实，这种担忧是完全没有必要的，喜欢音乐并且懂得欣赏音乐的人，未必一定要具备高超的音乐天赋，而我们主张让女孩多接触音乐，学习音乐，为的也不是让女孩成为作曲家或歌唱家，只是希望音乐能够帮助女孩提升内在的气质罢了。所以，只要女孩能够从音乐的熏陶中感受愉悦，发现生活的美好，就是对女孩最大的好处。

◆ 细节 35：端正思想，学音乐不一定得出成绩。

很多父母在教育孩子方面都有一种急功近利的思想，总觉得让孩子学东西就一定得学出成绩，否则就是浪费时间、浪费精力。但其实，很多事情都是强求不来的，尤其是在艺术方面，一个人所能取得的成就与他个人的天赋有着极其重要的关联。

那么，难道没有天赋就没有学习的必要？当然不是，即便女孩缺乏音乐方面的天赋，多接触音乐，学习一门乐器，对提升女孩内在的修养气质也是非常有好处的。父母应该端正思想，要知道，学习能给我们带来的最大好处，绝不是一个简单的考核成绩，而是学习能够帮助我们扩宽视野，能够让我们更深入地了解这个世界，并且能够更好地发现自我，建立自我。音乐的学习同样如此，当女孩能够用心去感受音乐，能够从音乐中寻找到慰藉自己的东西时，那么女孩也就获得了最宝贵的东西，哪怕她无法自己创作一首歌，无法精彩地演奏一段乐曲，但至少她得到了令她受益匪浅的东西。

◆ 细节 36：帮助女孩选择适合她的乐器。

所谓"实践出真知"，想要真正了解、学会一个东西，就必须真切地付诸行动，自己去感受它。学习音乐同样如此，父母在培养女儿的音乐兴趣时，也要懂得用实际的行动来让女儿增强兴趣，最简单有效的方法，就是让女孩学习一门乐器。

需要注意的是，在选择乐器方面，父母一定要慎重。不少女孩在真正接触一个乐器之前，实际上并不知道自己到底喜欢什么，对什么感兴趣。她们选择一个乐器，可能仅仅只是因为看到过别人演奏，觉得非常好看，或者听过这个乐器的声音，觉得非常喜欢。但学习乐器是一件非常艰苦而持久的事情，仅仅只靠一时的喜欢，是很难把学习乐器的热情保持下去的。

为了帮助女孩选择真正适合她的乐器，父母不妨对女孩做一些引导，比如可以让她多看一看、听一听不同乐器的演奏，经常带她到乐器店转一转，让她有机会亲自接触到不同的乐器。此外，在选择合适的乐器时，除了考虑女孩个人的喜好之外，女孩的身体条件也是需要注意的，比如肺活量较小的女孩，驾驭吹奏类乐器或许就会比较困难；手指不够修长的女孩，在弹奏钢琴方面或许不太合适等等。

2. 女孩，会"舞"才更美

女孩就像陶瓷器一样，只有在经过深刻地细雕、造型、着色等工序后，才能真正蜕变为光彩照人的艺术品。因此，父母在培养女儿时，除了让她吃饱穿暖，茁壮成长之外，也要懂得让她在人生历程中，经历不同程度的细雕和打磨。而舞蹈无疑正是"细雕"女孩气质的法宝之一。

提起孔雀舞，人们脑海中都会不由自主地出现一个名字——杨丽萍。杨丽萍是云南大理白族人，尚且年幼时，她的父母就离异了，母亲带着她和两个妹妹及一个弟弟相依为命。艰难的生活让杨丽萍的童年蒙上一层阴影，甚至有些不堪回首。然而，即便是在那样的阴霾之下，杨丽萍也找到了属于自己的阳光——舞蹈。

通过坚持不懈的努力，杨丽萍终于实现了自己的舞蹈梦想，于1971年进入西双版纳歌舞团，正式开始舞蹈生涯。1986年，她创作了独舞《雀之灵》，并用自己优美的身姿将舞蹈的内涵表现得淋漓尽致。她成功了，成为了亿万人心目中的"孔雀公主"。

有人称杨丽萍是落入凡间的精灵，气质高雅脱俗；有人称杨丽萍是深山中走出的"巫女"，神秘而富有魅力；还有人称杨丽萍是中国大陆的"舞神"，举手投足皆是舞蹈。正是舞蹈，让杨丽萍走出人生的阴霾，走出农村，获得了非凡的成就。

每个女孩都是天生的舞者，一举手一投足都能优雅成迷人的风景线。站在舞台上，舞姿翩翩，尽情旋转，这大概是每个女孩都曾有过的童年梦想。拥有美丽舞姿的女孩，总是能够散发出一种独有的青春活力和韵味；一个会跳舞的女孩，哪怕只是平常生活中的举手投足，也都能展现出自身独有的气质与风华。

舞蹈不仅能够帮助女孩提升自己的气质和魅力，而且还是一项内外兼修的课程，让女孩在拥有形体美的同时，寻找到内心一片宁静的天空，从而在待人接物上与一般的女孩区别开来，展现出独特的韵味，打造名副其实的知性女性。

所以，为了让女儿成为更具才艺和气质的女性，父母应该从小就引导女儿培养对舞蹈的兴趣，让她们能够在舞动中跳出更精彩的人生，修炼成更完美的女性。那么，父母到底该怎么做，才能培养女儿学习舞蹈的兴趣呢？

◆ 细节 37：引导女孩了解舞蹈，接近舞蹈。

想要让女孩喜欢上舞蹈，并且愿意学习舞蹈，父母首先得让女孩去了解舞蹈，接近舞蹈，对舞蹈产生兴趣。要知道，兴趣是最好的老师，只要能让女孩对舞蹈产生兴趣，那么不必父母强迫，女孩也会自觉自愿地付出努力和汗水。

在日常生活中，当女孩听到音乐便手舞足蹈，或者看到别人跳舞便笨拙地模仿别人的动作时，虽然还称不上是舞蹈，但这实际上都是女孩具备舞蹈天赋的一种表现。不管女孩的动作做得是否标准，哪怕有些滑稽可笑，父母也应该给与鼓励，潜移默化地培养女孩对舞蹈的兴趣。

此外，父母还可以多让女孩观看一些歌舞表演，甚至浅显地给女孩讲述一些舞蹈方面的基本知识，让女孩对舞蹈有初步的了解，这对于培养女孩对舞蹈的兴趣都是非常有帮助的。

◆ **细节 38：学习舞蹈前，让女孩做好心理准备。**

舞蹈学习是一件非常辛苦的事情，想要拥有优雅的舞姿，漂亮的动作，绝对不是一朝一夕就能完成的。很多父母为了让女孩愿意去学习舞蹈，往往只会向女孩展现舞蹈有多么优美，多么有趣，却有意无意地隐瞒了其中的艰辛。这样做或许能够让女孩在冲动之下愿意学习舞蹈，但在缺乏心理准备的情况下，当女孩发现学习舞蹈过程中的艰难和辛苦之后，却更容易半途而废。这样一来，反而可能让女儿养成在困难面前退缩的坏习惯。

所以，在学习舞蹈之前，父母一定要让女孩清楚知道过程的艰辛，做好面对困难的心理准备。此外，父母自己也应当有所觉悟，不要因为不舍得女孩受苦，就轻易让女孩放弃，而是应该不断地鼓励她，教导她，让她明白坚持的重要性，帮助她在坚持中获得成就感。要知道，受苦也是一种考验，不经历困难的磨砺，女孩就永远不可能树立起坚强的意志，永远学不会如何在生活中独当一面。

◆ **细节 39：顺其自然，别让舞蹈成为女孩的负担。**

我们鼓励家长让女儿学习舞蹈，最主要的目的是帮助女儿提升气质和魅力，并不是非得要求她在舞蹈方面取得多么优异的成绩。其实不止舞蹈，其他的兴趣也一样，但很多父母在培养女儿的兴趣爱好时，却总是容易遗忘初衷，总是把考级、成绩拿出来，压在女儿头上，作为检测她是否"合格"的标准。结果，久而久之，巨大的压力反而让女儿无法在学习中享受乐趣，甚至最终放弃。

培养兴趣，最终的目的并不是让女孩取得多么优异的成绩，考核也不是兴趣的最终目的。一位舞蹈专家就曾这样提醒过父母们："特长学习不能将考级放在第一位，它不是评定孩子的唯一标准。"

兴趣之所以为兴趣，就是因为兴趣能够带给孩子美好而愉悦的体验，如果兴趣最终成为一种梦魇，那么最终给孩子带来的，只会是无穷无尽的折磨与负担。父母应该明白，无论学习什么，即便无法做到最好，取得令人羡慕的成绩，孩子也必定能够在学习中受益匪浅。所以，不要总是逼迫孩子，顺其自然，才能让女孩在轻松愉悦中真正领悟到舞蹈的真谛。

3. 兴趣，是女孩最好的老师

在现代家庭中，不少父母都是具有一定文化素养的知识分子，在教育孩子方面自然也比从前更加细致。除了学习好之外，不少父母还希望自己的孩子能学好某一项技艺，或某一个科目，在父母心中，这些"课外技能"也都是孩子未来踏上社会的竞争力之一。

很多家长都会让女孩上一些课外兴趣班，比如绘画、乐器、舞蹈等等，这些兴趣对女孩的成长和未来竞争力的提升都有着莫大的好处。但不管怎么说，即便在同龄人中，女孩往往要比男孩沉静稳重，可爱玩的天性却是一样的，如果父母总想着用管教和束缚来逼迫女孩在课余时间学习其他东西，那么即便女孩因为不敢反抗父母的权威而妥协，恐怕也不能真正将心思放在上头，不过是事倍功半，浪费时间罢了。

有人说过："兴趣是最好的老师。"不管学习任何东西，一切的方法都抵不过"兴趣"两个字，兴趣是促使人们认识或追求某种事物或活动的动力。当孩子对某个东西产生兴趣时，即便没有父母和老师的鞭策，他们也会自觉自愿地投入时间和精力，并乐在其中。

一年级的萱萱写字有些不工整，萱萱妈妈就想着让孩子报一个硬笔书法班，好练就一笔好字。恰好，学校为了丰富孩子们的课间生活，举办了"我爱兴趣班"的活动。在放学后的半个小时内，孩子们可以自愿参加各种兴趣班，有魔方、围棋、画画、剪纸、书法等等。

放学后，萱萱第一个就把消息告诉给妈妈，还非常兴奋地说："妈妈，我要报剪纸兴趣班，然后就可以剪出很多漂亮的花朵、小动物。"

可这个想法却没有得到妈妈的认同，妈妈耐心地说："萱萱，我觉得你应该报书法班，你看看，你写的字不是很好，应该多多练习一下。"

听了妈妈的话，萱萱不高兴地说："我每天都要写字，你还要让我学习写字。我不要！"

妈妈说："你看别的同学，写字多漂亮。再看看你自己，这字拿得出手吗？萱萱乖，多练习写字没坏处。"

在妈妈的劝说下，萱萱报了书法班，可是她的兴趣并不在此，所以上课也是漫不经心，无精打采。老师了解了情况之后，便给萱萱妈妈打了电话，说："学校让孩子报兴趣班的目的就是培养孩子的兴趣，让孩子做自己喜欢的事情。作为家长，我们怎么能强迫孩子学她不感兴趣的事情呢？即便孩子因为家长的原因选择了某个'兴趣班'，可这样一来，她能学好吗？"

听了老师的话，妈妈终于想通了，不再干涉萱萱。而萱萱自从上了剪纸班，就像是换了一个人一样，变得积极、快乐起来，就连学习都有劲头了。

可见，父母想要让孩子有一技之长，仅仅靠权威去逼迫孩子学习你认为好的、厉害的技能是毫无作用的，倒不如帮助孩子去发现并培养自己的兴趣，让兴趣这位好老师来引导孩子学习。当然，培养兴趣绝对不能以家长的意志为转移，而应当遵循孩子个人的意愿和条件。就像佳乐的妈妈虽然一心觉得钢琴好，但佳乐对钢琴没有兴趣，如果一味强迫她去学习，最终也很难学有所成。

所以，父母想要帮助孩子提升自己，一定要懂得尊重孩子的意愿，顺其自然地发现并培养孩子的兴趣和长处。

◆ **细节 40：用好奇心来激发孩子的兴趣。**

兴趣主要来源于好奇，当人们对某个东西产生好奇的时候，自然就会去探索、研究，兴趣就是这样产生的。因此，如果孩子尚且没有产生明确的兴趣爱好，那么父母不妨想办法激发孩子的好奇心，让孩子主动去探索一些东西，再从探索的过程中逐步发现自己的兴趣，从而展开学习。

激发孩子好奇心的办法有很多，比如可以让孩子多阅读课外书籍，从而找到自己感兴趣的领域，或者多带孩子参加一些活动，比如野外露营、制作陶艺、欣赏歌舞表演……接触的东西越多，了解的东西越多，孩子才能更了解自己喜欢什么，想要学习什么。

◆ **细节 41：顺其自然，先了解孩子喜欢什么，再督促孩子学习什么。**

孩子都是有逆反心理的，从性格特点上来说，女孩普遍比男孩要温和，但女孩也往往比男孩要敏感，如果父母总是逼迫女孩去做一些事情，而不尊重女孩自己的意愿，那么她们往往可能表面顺从，但内心却对这些事情产生强烈的抵触感，反而对兴趣的培养和技艺的学习没有好处。

所以，不管父母有多希望女孩多才多艺，都应该从尊重女孩意愿的基础上出发，先了解她喜欢什么，然后再督促她去学习什么。

◆ **细节 42：寓教于乐，学习快乐两不误。**

对于现在的孩子来说，他们虽然不需要操心生计，不用担心衣食住行，柴米油盐，但仅仅就学业一项，也会给孩子带来莫大的压力。人对压力的承受都是有一定限度的，心智发育不成熟的孩子更是如此，因此，父母如果希望孩子在学习之余再掌握一些其他的技艺，那么就应该摒弃功利心，让孩子能够以轻松的心态去学习，把兴趣真正当成一种娱乐。只有做到寓教于乐，让孩子能够在学习中找到快乐，才能让他们更有兴趣地投入其中，心甘情愿地付出努力和汗水。

4. 别以功利，衡量女孩的兴趣

在社会竞争激烈的今天，几乎每个父母都有"望女成凤"的心思，他们不再甘心只让家里的乖乖女享受无忧无虑的童年生活，甚至有时候，即便明明知道自家的女孩根本达不到他们的期望值，也依然不甘心接受现实，不断给女孩施压，指望她能突破自我，创造奇迹。

在现实生活中，不少父母在女孩尚且年幼时，就为她们定下了各种各样的目标，比如钢琴考试要过几级、舞蹈比赛要拿什么名次等等，殊不知，这些功利性的"目的"有时不一定会成为促使孩子努力的动力，反而可能成为孩子心头的压力，让孩子焦虑不已。一位老教授就曾说过这样一句话："父母的期望值过高，很容易产生失望，甚至有时会成为戕害孩子的凶手。"

一个朋友的女儿本来挺活泼、可爱的，并具有较高的美术天赋，可却被朋友的功利心折腾坏了。

朋友曾经给我看她女儿几年前的画，虽然当时孩子仅有五六岁，可画的画非常具有灵性——想象力丰富，色彩运用非常好，线条和布局也具有水平。更令人惊讶的是，小小年纪的她竟然可以通过线条，把动物或是人物的眼神勾画出来。

可就是这样的孩子，后来却不愿意学习画画了，一看到画笔就想吐。朋友惋惜地说，这与孩子追求完美的性格有关系，可大部分问题出现在自己的教育上。因为这孩子有天赋、优秀，所以朋友的心劲也非常大，就像是很多家长一样，一心想要把孩子培养成天才。

除了给孩子报了美术培训班，朋友还专门托关系，给孩子找了一个美术老师。这个老师每天晚上8点都会来家里给孩子做指导，时间是一个半小时。也就是说，这孩子除了上学、完成家庭作业，每天还要画一个多小时的画。

为了让孩子早日有出息，朋友变得越来越严厉。一旦孩子有所懈怠，她动不动就批评、训斥，搞得孩子每天都精神疲惫。最后，因为背负巨大的压力，孩子开始产生厌学情绪，心理也受到了巨大伤害。

朋友确实为女儿付出了很多，但这种伴随着沉重功利性期盼的付出，也成为了女儿心头挥之不去的压力和阴影，最终让她在痛苦与压抑中走向崩溃。

在现实生活中，像朋友这样对女儿寄予厚望，急功近利的父母并不少见，为了培养出高素质、高层次的孩子，他们不惜花费很多金钱和精力，这些花费有时甚至超出了自己所能承受的范围。但可怕的是，他们在不断"付出"的同时，却从未考虑过自己的孩子是否真正具有这样的潜质，能够承载得起他们所期盼的成功。

当兴趣与功利挂钩之后，兴趣本身所能为我们带来的乐趣必然会在渴求成功的压力之中消磨殆尽。其实，很多时候，兴趣所能带给我们的，是比名次、成绩更重要的东西，那便是陶冶我们的情操，提升我们的气质，激发我们对生活的热情。

作为父母，真正的智慧不是非得让孩子去做我们所认为对的、好的事情，而是让他们能够顺其自然地成长，量力而行，走出适合自己的人生道路。成绩、名次，不过只是人生某一阶段的小小虚名罢了，对于孩子来说，真正可贵的，是成长，是成熟，是有勇气面对人生中的一切挑战与挫折。所以，别总用功利的眼光去衡量孩子的兴趣，更不要打着"我都是为你好"的旗号去逼迫孩子，让他们的童年蒙上难以抹去的阴影。

◆ 细节 43：制定目标要切合实际，一步一个脚印。

法国诗人海涅说过："即使种下的是龙种，收获的也可能是跳蚤。"中国的父母普遍都有"子承父业"的观念，觉得自己哪方面厉害，孩子以后似乎也得在哪方面取得成就，或是总习惯于将自己未能完成的梦想寄托在孩子身上。但其实，人与人本身就是不同的，孩子不是父母的附属品，他们是独立的个体，有着独属于自己的特质。父母在对孩子委以重任、抱以期望的时候，应当要切合实际，从孩子本身的兴趣、爱好、特点、潜质等等方面考虑，不能总妄想着一步登天，逼迫孩子去承受自己能力范畴之外的事情。

◆ 细节 44：拿出耐性，心急吃不了热豆腐。

俗话说："十年树木，百年树人。"教育孩子是一个漫长的过程，无论是知识的积累还是人格的形成，都不可能一蹴而就。对孩子的教育实际上就是三分教七分等，不管学习什么，把基础打牢才是最重要的，如果总是急功近利，指望一日千里，最终反而可能让孩子一事无成。

◆ 细节 45：幸福不等于成功，平常心最重要。

人活一世，其本质就是为了追求人生的幸福与快乐。但很多人对幸福与快乐的内涵却有误解，总以为人必须得成功才能幸福，才能快乐，以至于许多家长在教育孩子的时候，难免显得有些急功近利，不管孩子做什么、学什么，都过分强调结果而忽略了过程。但其实，人活一世，真正的幸福与快乐恰恰是体现于过程之中的，毕竟生命的历程本身就是一个过程。所以，在教育孩子的时候，不管孩子学什么、做什么，父母都应该以一颗平常心去对待，别总以功利去衡量孩子的为人处世，也别总以功利的眼光去看待孩子的兴趣爱好。

5. 练习需持之以恒，别让女孩半途而废

"妈妈，我要去学跳舞！"

——"你上个月不是刚报了绘画班，怎么又要跳舞了？"

"爸爸，我想买架钢琴！"

——"什么？前阵子不是想要大提琴吗？这刚买回来没多久，也才去上了几堂课……"

在现实生活中，孩子与父母之间类似这样的对话并不少见，孩子"三分钟热度"的胡搅蛮缠，父母无奈或气恼的叹息，这几乎是每个家庭都曾上演过的"剧目"。好奇是孩童天性的一种，孩子对世界从不缺乏好奇心，但也正因为如此，所以他们的注意力总是转移得非常快，今天对这个感兴趣，明天可能就立刻转向别的东西了。在成长过程中，如果我们不能对孩子这种"三分钟热度"的特点加以约束和改正，那么对孩子未来的成长将会造成非常不利的影响。

彤彤从幼儿园中班就开始练习中国舞了，可每隔一段时间，她就和妈妈"闹一闹"，说练功太辛苦了，自己不想学习舞蹈了。

每次妈妈都会连哄带骗的，"宝贝，如果你好好练习舞蹈，我就给你买最喜欢的玩具。""你再坚持一下，等过了这一段时间就不用练习了！""小孩子练舞蹈多漂亮啊！"那时候，形形年纪小，也就被妈妈哄骗过去了。

现在形形已经7岁了，这一天，她又开始和妈妈纠缠，"妈妈，我不喜欢练习舞蹈了，这太辛苦了。"见孩子又一次提起这件事情，妈妈便有些动摇了，问道："你不喜欢练舞蹈，那你想干什么啊？"

形形立即说："我看人家跳拉丁舞非常漂亮，不如我也练习拉丁舞吧！"

妈妈一想拉丁舞也不错，而且还没有白白浪费孩子之前练的功，便答应了孩子的要求。事先妈妈郑重地说："这是你自己的选择，可要坚持到底啊！不要像之前一样，只有三分钟热度。"

形形高兴地答应了，"好的！我一定会好好学习！"

因为形形对拉丁舞非常感兴趣，再加上之前的中国舞功底，所以学得非常快。仅仅两个月时间，形形就跳得有模有样了。可过了一段时间，形形的"老毛病"就又犯了，缠着妈妈说："妈妈，这拉丁舞也非常辛苦，我不想再学了！"

听了孩子的话，妈妈生气地说："你当初不是说能坚持到底吗？怎么又这样？"

形形噘着嘴说："我以为拉丁舞比中国舞轻松，谁知道它也这么辛苦！我就是不想练了。"

听了形形的话，妈妈感到非常气愤，可是又无可奈何，也就不得不任由孩子去了。因为形形已经失去了兴趣，就算强迫她又能有什么用呢？

事实上，形形还是有舞蹈的天赋的，音律感比较好，身体又非常柔软，可就是因为没有持之以恒的毅力，又怕辛苦，这才哪一个都没学成。

可见，一个人是否能够在一件事情上取得一定的成绩，最为重要的因素不是先天的智商或能力，而是后天的持之以恒。而这，也正是每个孩子在成长中必须学会的东西。那么，在教会孩子"持之以恒"的过程中，作为父母，又能为他们做些什么呢？

◆ 细节 46：当孩子想放弃时，不要指责。

好奇是孩子的天性，在尚未真正明确自己想要什么之前，孩子自然是什么都想尝试一下，干什么都不定性。因此，当孩子试图放弃一件事情的时候，未必是因为懒惰或受不了苦，可能恰恰只是因为他们"厌倦"了，对这件事情失去了兴趣。在这种时候，如果父母不问是非黑白，直接训斥孩子一顿，那么反而可能会让孩子把遭到训斥这笔账算到这件事上，从而更不愿意做这件事情。

◆ 细节 47：了解孩子为什么想要放弃。

当孩子对一件事情产生半途而废的想法时，父母首先应当做的，就是了解孩子打算放弃的原因。很多父母总认为孩子还小，经常有意或无意地忽略孩子的想法，只按照自己的意愿强行帮孩子做出安排或规划。但实际上，年纪再小的孩子，也都有自己的意愿和想法，当他们试图放弃做一件事时，可能是因为他们发现自己并不适合做这件事，也可能是因为受到了某些挫折或打击，甚至可能只是因为单纯地失去了兴趣……但不管是哪一种原因，父母都必须先了解到孩子内心的想法，这样才能从根本上解决问题。

◆ **细节 48：为孩子设置阶段性的目标及奖励。**

对于尚未形成世界观和价值观的孩子来说，远大的目标和缥缈的未来能够带给他们的触动显然还不如今天的晚饭来得实在。所以，当父母想要鼓励孩子坚持不懈地去做某件事情时，和他大谈未来、理想是远远不够的。想要让孩子对一件事情产生源源不断的动力，父母就要懂得为孩子设置能够让他们够得着的阶段性目标，以及达成目标后所能获得的相应奖励。

比如当父母想要鼓励孩子坚持画画的时候，如果父母对他说："加油坚持下去，二十年后你一定能成为出色的画家。"那大概没几天孩子就会"转行"去做其他事情了吧，毕竟对于孩子来说，二十年实在太漫长了，又哪里有吸引力可言呢？但如果你对孩子说："好好学，等你把这个水瓶画好的时候，就带你去游乐园。"相信效果会好得多，毕竟这个目标对于孩子来说要近得多，实现的几率也要大得多。

Chapter 4 确立良好价值观，划定底线没商量

　　价值观，是一个人为自己人生做出选择的重要依据，是人选择自己未来道路的重要参考。我们要从小培养孩子正确的价值观，以保证孩子在未来的人生中能够做出正确的选择。在培养价值观的时候，划定底线是非常重要的，如果孩子能够不断的得寸进尺，通过撒娇等方式获得想要的，那么教育就变成了一句空话。

1. 富养精神穷养身，女孩不能太骄奢

天下间每个父母，都希望自己的女儿无论在什么环境下都能成为强者，不娇气、不软弱。然而，很多时候，正是父母对女儿的慈爱之心，让女儿不费吹灰之力就能得到自己想要的一切，享受富足的生活，娇惯出了一身的坏毛病，从而越来越娇气，也越来越软弱。如此，将女儿培养成了娇生惯养的"豌豆公主"。

何伟与妻子经营了一家公司，家庭条件非常富裕。自从女儿豆豆出生后，何伟恨不得把自己所有的一切都给宝贝女儿，只要是豆豆想要的，何伟从来没有拒绝过。

由于一直过着衣来伸手、饭来张口的生活，已经上了小学的豆豆，却连鞋带都不会系，更别提什么洗衣做饭了。

到豆豆上初中的时候，何伟夫妇的公司因为资金运转不灵而倒闭了。对于何伟夫妇来说，这样的打击倒也并不可怕，本就是白手起家的他们有信心重新再来。可是，这对于豆豆来说却无异于晴天霹雳。她想要漂亮的衣服，但父母根本无力像从前那样无止境地满足她的需求。更重要

的是，以前洗衣做饭都有保姆，现在为了节省开支，保姆已经被辞退，一切都得自己动手了。由于自己什么都不会，做什么事情都不顺心，豆豆的心情一天天变得沉闷、孤独，再也不像从前那般活泼开朗了。

自古以来，女孩就总被称为"千金"，所谓"千金"，自然是金贵无比，需要精细养育的，也正因为如此，所以通常都有女孩要"富养"一说。女孩"富养"本没有错，错就错在不少父母错误地理解了"富养"的意义，以为疼爱女儿就是要为她提供许多的金钱和物质，满足她一切的愿望。殊不知，这样做只会让娇气的女儿变得更加娇气，无法面对生活的风雨，就像何伟的女儿豆豆一样，习惯养尊处优的她，在家庭经济状况陷入危机之后，根本不知该如何调适自己的心情，如何与父母一起渡过难关，从而陷入极端的不良情绪。

诚然，培养女儿是每一个父母应尽的义务和责任，心疼女儿，想要为她打造一个富裕的生活环境无可厚非。但如果一个女孩，不懂得自立，没有抗压、抗挫折的能力，那么终究是无法适应这个社会的。作为父母，你可以为她抵挡一时的风雨，却终究不可能为她踏平一生的道路。

在条件允许的情况下，父母可以满足女儿更多的物质要求，但一定要记得，正所谓物极必反，过多的物质反而可能成为女孩成长过程中的一种羁绊。想要让女儿成为更优秀的人，比起丰富的物质条件，如何帮助她培养良好的心态和性格更为重要。

父母一定要明白，所谓"富养"女儿，需要富养的是精神而不是身体。要学会在适当的时候让女孩吃些苦，因为只有经历过磨炼和苦难，人才会懂得感激和满足，进而形成独立、自强的性格和品性。

富养精神穷养身，记住这句话，父母才能培养出真正高贵而不娇弱的优秀女孩。

◆ 细节 49：给女孩一些困难，让她在磨砺中获得成长。

冰心曾说过这样一句话："成功的花，人们只惊羡她现时的明艳！然而当初她的芽儿，浸透了奋斗的泪泉，洒遍了牺牲的血雨。"没有谁的一生可以一帆风顺，无论拥有多少财富，身处多么卓然的地位，谁都不可避免地会遭遇困难与坎坷。

那些真正成功的人，必然都是在挫折中摸爬滚打，最终依靠自己的力量站起来的人。所以，如果希望女孩成长为"成功的花"，那么父母就要懂得有意识地让女儿遭遇一些困难和障碍，让她们在磨砺中获得成长和进步。

人的潜力是无穷的，在现实生活中，很多女孩之所以受不了挫折，不是因为她们天生就柔弱，而是因为她们的生活总是波澜不惊，要风得风、要雨得雨，所以一旦遭遇困难，就会束手无策，意志消沉。因此，即便是富养女儿，父母也要懂得在生活中适当地给她设置一些困难，这些"困难"终究会帮助女孩成长，让她成为令你骄傲的女孩。

◆ 细节 50：忆苦才能思甜，别让女孩活得太骄奢。

在物质条件越来越丰沃的今天，不少"小公主"根本不懂得赚钱的艰辛，以为只要张张嘴、伸伸手，就会得到想要的东西。正是因为这样，所以不少女孩的欲望才会越来越膨胀，为了避免这一点，父母一定要记住，面对女儿的要求，决不能总是盲目地一味给予。要知道，不懂得生活艰辛的女孩，是无法真正在社会上靠自己的力量生存下去的。

因此，父母不妨适时地给女儿上一堂体会贫穷的课。带她体验一下困苦的生活，从而磨炼女儿的意志，锻炼她的耐苦精神。只有经历了困难，才能懂得幸福的珍贵，也只有体会到生活的不易，才会明白勤俭的重要。

◆ **细节 51：无规矩不成方圆，女孩必须得管束。**

无规矩不成方圆，想要让女儿成长为优秀的人，绝对少不了适当的管束和批评。虽然女孩天生就比男孩要稳重，但年幼时候的她们毕竟还没有形成自己的价值观和世界观，在成长过程中也是需要纪律的约束和管教的。

无论是谁，在受到约束和批评时，显然都会感到不愉快。但时间长了，当女孩成长为一个思想成熟，懂得明辨是非的人时，自然会明白批评与约束给她带来的好处，这对于女孩的健康成长也有着积极的作用。

父母一定要明白，"富养"女儿并不意味着毫无顾忌地给女儿钱，给女儿买东西。所谓"富养"，是要给予女儿足够多的精神食粮，让她们拥有正确的价值观，健康的心理，从而蜕变为父母心中的"完美天使"。

2. 一味满足要不得，杜绝攀比的恶习

孩子的"攀比心理"一直是家庭教育中的一个重要话题，在孩子的成长过程中，攀比心理所造成的影响或许不会那么明显，也正因为如此，许多父母往往会忽略这个问题，认为它无足轻重，但实际上，这个问题

如果处理不好，往往可能影响孩子的一生，甚至促使孩子做出无可挽回的事情。

现代家庭大多是独生子女，父母总是担心孩子受委屈，对孩子往往也都是有求必应，甚至孩子提出的一些不合理要求，不少父母也都基本不会拒绝，攀比心理就是这样逐渐形成的。人都有虚荣心，而虚荣也正是促使攀比心理形成的重要条件之一，但总体来说，孩子之所以形成攀比的恶习，主要还是父母教育不当引起的。

在我们周围，攀比现象比比皆是，比成绩、比穿着、比家境……这些攀比不仅仅存在于孩子之间，更多的是存在于父母之间。父母之间的攀比，一方面是出于自己的虚荣心，另一方面则是出于对孩子的溺爱，不愿意自己的孩子受委屈，不肯让自己的孩子过得处处不如人。

攀比心理如果不加以约束，所带来的影响是非常严重的。阅读每天的新闻，几乎都能看到不少因虚荣和攀比而走上犯罪道路的报道。俗话说"三岁看老"，任何一种恶习的形成都不会是一蹴而就的，从一个人的成长轨迹和为人处世中，或多或少都能窥探到这个人身上所存在的一些行为习惯。因此，一个孩子日后会成长为什么样的人，父母是需要负很大一部分责任的。

为了孩子的未来，父母应当时刻关注孩子的行为习惯，从根源上杜绝孩子形成攀比的恶习，及时引导孩子，教育孩子，让他们明白，人生在世，无论想要什么都必须依靠自己的双手去付出努力，父母的成就永远不该作为孩子炫耀的资本。

为了杜绝孩子攀比心理的形成，在教育孩子方面，有这么几点是需要父母们牢记的：

◆ 细节 52：培养女孩良好的心态，杜绝攀比心理的产生。

人们总是说，对于男孩来说，什么都能丢，只有面子不能丢。但其实，女孩更是如此，女孩的心思往往比男孩要敏感纤细得多，哪怕在与朋友相处的时候，不少女孩即便嘴上不说，心中也是暗暗存有"比较"的心思的。因此，很多女孩在和别人提及到自己的家庭情况时，常常会有意无意地"编造"一些美好的故事。

徐晓丽是独生女，从小是在父母的娇惯中长大的，虽然家境一般，但在家里，徐晓丽俨然就是个小公主，不管提出什么样的要求，父母都会想尽办法去满足她。

虽然一直被父母捧在手心里，但徐晓丽却依然感到不满足，甚至有时还会在心里责怪父母，为什么那么没出息，无法为她提供富有的生活。

由于徐晓丽爱面子，心里又常常对父母多有埋怨，因此每每在同学面前提起自己的家庭情况时，徐晓丽都会有意无意地透露出自己是个"大小姐"，父母都"非常有钱"的信息。

一次，徐晓丽的同桌背了一个新书包来上学，据说这个新书包是同桌的姑父从美国带回来送给她的，好几千块钱一个。同学们都觉得非常羡慕，围着徐晓丽同桌的书包看了又看，不时还吹捧她几句。

看着同桌春风得意的样子，徐晓丽顿时感觉气不打一处来，轻蔑地说了一句："就这破书包，我家有好几个呢，我是不耐烦背，觉得也就那样吧！"

平日里许多同学早就因为徐晓丽总是趾高气扬而看不惯她，于是听到这话之后，便纷纷怂恿她把家里那"好几个"书包背来给大家看看。

夸下海口的徐晓丽闷闷不乐地回了家，胡搅蛮缠地要求爸爸妈妈给她买个和同桌一模一样的名牌书包。在爸爸妈妈拒绝了徐晓丽的要求后，徐晓丽居然冲着爸爸妈妈大吼："要不是因为你们没钱又无能，我怎么会过这样的生活！"

徐晓丽的行为的确令人心寒，但退一步想，如果没有父母平日里的娇惯和纵容，她又怎么会养成这么一个好面子、爱攀比，并且自私自利的性格呢？

有攀比心理很正常，但当攀比的心理产生后，父母不能及时教育、引导孩子，反而一味纵容，那就可能引发很严重的后果了。因此，当父母发现孩子出现攀比的苗头之后，一定要引起重视，多和孩子沟通、聊天，给女儿灌输正确的观念，杜绝攀比心理的发展壮大。

◆ 细节 53：为女孩创造良好的物质环境和精神环境。

心理学家曾经做过这样一项调查，结论显示：一个良好的物质环境可以约束女孩的行为，并能让她懂得如何克制自己的欲望。

生长环境对人性格的形成有着重要影响，俗话说："女孩要娇养"，在良好的物质环境和精神环境中成长起来的女孩，内心是纯粹的，眼界也必然是宽广的，绝不会因一时的好处迷了眼，做出伤人害己的事情。

◆ 细节 54：让女孩明白，有劳才有得。

撒娇几乎是每个女孩与生俱来的一种本能，同时也是她们获取想要东西时候的法宝。女孩天生就爱撒娇，而绝大多数父母往往也都是无法拒绝孩子撒娇的。但从长远考虑，为避免孩子沾染上攀比的恶习，当孩子提出不合理的要求时，父母一定要果断拒绝，让女孩明白，自己想要什么，就必须先付出相应的东西，这样才能让女孩学会珍惜别人的劳动成果，理解生活中一针一线的重要性。比如，父母可以让孩子在家里帮忙做一些力所能及的家务事，然后再给予孩子一定的"报酬"。

3. 摆正观念说正途，培养合理金钱观

曾看到过这样一段话：

金钱，可以买到全世界最豪华的别墅，却买不到一个幸福的家庭；可以买来最精美的闹钟，却买不到已经悄悄流逝的光阴；可以买来柔软舒适的大床，却买不到一夜无梦的安眠；可以买来最顶尖的教育，却买不到优秀聪明的头脑；可以买来最贵重的礼物，却买不到纯粹的友谊；可以买来最先进最完善的医疗服务，却买不到身体的健康；可以买来权势与地位，却买不到人们发自内心的尊重；可以买来他人的垂首臣服，却买不到来自灵魂的忠诚……

金钱是可贵的，却始终不是万能的，人们不应贬低金钱，却也不能将金钱当作一种信仰。依靠金钱维持的东西，在失去金钱的支持后，便是不堪一击。

娇生惯养的李静一直是家里的"小公主"，无论父母还是亲戚都宠着她，捧着她，几乎不曾受过什么冷眼和挫折。但也正因为这样，养成了李静骄横跋扈的性格，这让她在学校里一直没能交上什么朋友。

一次，李静在学校和一个同学发生了冲突，在争吵中，那个同学指着李静说她是个讨厌鬼，总是一副了不起的样子，所以同学们都不喜欢她。原本人缘不好一直就是李静心里的一个结，听了这话，她就更是伤心了。

回到家后，李静哭着把这事告诉了奶奶，抽抽噎噎地问奶奶："我是不是真的很令人讨厌，所以大家都不喜欢我，不愿意和我一块玩呀？"

看着宝贝孙女哭得梨花带雨，奶奶赶紧把她抱到怀里，安慰一番之后，奶奶神秘兮兮地对李静说道："你听奶奶的，奶奶有法子让你交到好多好多的朋友，让大家都喜欢你！"

第二天，在李静出门上学之前，奶奶偷偷给她塞了不少钱，并嘱咐她，去学校小卖部多买些零食，课间的时候分给同学。接连这么做了几天之后，果然如奶奶所说，李静周围多了不少"朋友"，她也摇身一变成了班里的"风云人物"，毕竟都是八九岁的孩子，谁能抵挡得住零食的诱惑呀！

眼看着不少同学与自己的关系日渐亲密起来，李静非常开心，同时也越发佩服奶奶的主意了。但这些让李静感到愉快的好事却并没有持续很久。

一次,语文老师给大家布置了一个作业，写一篇名为《我最好的朋友》的作文。李静暗自窃喜，想着自己有那么多的朋友，肯定不少人会在作文中提到自己。但没有想到的是，等到老师点评作文的时候，李静却发现，全班同学居然没有任何一个人在作文中提到自己。这让李静感到非常吃惊，也非常难过，平日里不少人围着自己转，奉承自己，难道都是骗人的吗？

　　情绪低迷的李静回到家后，把心里的烦恼向爸爸倾诉了，爸爸温和地对她说道："小静，这一次你最大的错误就在于，以为用金钱可以买到你想要的友谊。但其实，在这个世界上，金钱可以买到很多东西，却也永远买不到某些珍贵的东西，比如友情、爱情、亲情。你想交朋友，就要付出自己的真心，这样才能交到真诚的朋友。利用金钱结交的关系，也只会止步于金钱，离开了金钱，就什么都不是了。"

　　听了爸爸的话，李静若有所思，良久才用力地点了点头，她决定以后要尝试着用自己的真诚去与同学结交，这样一定能够交到真正的好朋友！

　　在这个世界上，金钱的力量的确非常大，我们生活的各个方面都离不开金钱。衣食住行处处都需要金钱，读书学习也始终少不了金钱。就连年幼的孩子们都很清楚，有了钱就能买好玩的玩具，有了钱就可以买漂亮的衣服，有了钱就可以吃好吃的东西，有了钱就可以外出旅游……钱的确是好东西，正因为如此，李静的奶奶才会想到，教导李静用钱买零食"收买"朋友。但最终，现实给李静好好地上了一课。让她懂得，金钱虽然威力巨大，但却并不是万能的，在这个世界上，有些东西是用钱也无法买到的，比如朋友。

　　我们总说要"富养"女儿，让她们从小过得舒适快乐，但父母们也要小心，千万别因过分的宠溺，而让自家的乖乖女成了唯利是图的"拜金女"。要知道，"富养"女儿为的是让女儿对世间各种各样的诱惑生出免疫力，但如果因为"富养"而让女儿过分迷信金钱的作用，那么反而会让她们小小年纪就沦为金钱的奴隶，甚至失去纯洁的心智。

　　那么，作为父母，我们又要怎么做才能帮助女儿培养正确的金钱观呢？

◆ **细节 55：金钱有价，情义无价，让女孩知道，金钱不是万能的。**

俗话说得好："金钱有价，情义无价。"父母应该让女孩知道，生活在这个世界上，每个人都离不开金钱，但我们绝不能让金钱成为生命的全部，除了金钱之外，生命中还有很多更重要的东西值得我们珍惜。比如：亲情、友情以及成年之后将会得到的爱情，这些都是金钱所无法取代的。

人生中有的东西，拥有的时候如果不懂得珍惜，那么一旦失去，即便花再多钱也是买不回来的。只有让女孩明白这些，才能让她树立起正确的金钱观，客观认识金钱的作用。

金钱固然好，却不能解决世间的一切问题，即便再有钱的人，也依然要承受种种人世的无常。因此，要想生活得幸福快乐，最重要的不是有多少钱，而是要让自己变得更优秀、更强大。当我们能够珍惜金钱，却又不被金钱所驱使的时候，才能真正利用金钱创造生活的财富。

◆ **细节 56：帮助女孩树立远大理想，避免形成"拜金情结"。**

在成长的道路上，理想无疑是对抗女孩"拜金情结"的重要法宝。父母应当引导女儿去发现自己的特长和兴趣爱好，并帮助女儿树立远大的理想，让她明白，人生在世，除了金钱之外，还应该有更高的追求。当女儿从小树立起远大的理想之后，生活也会变得充实而有意义。父母要让女儿懂得，金钱只是生活的一种工具，而人生真正的价值则在于实现自己的理想。

◆ 细节 57：不推崇，也不贬低，让女儿正确认识金钱的作用。

俗话说：钱不是万能的，但没钱也是万万不能的。金钱虽然不能买到世间的一切，但是谁也不能抹杀金钱对于生活的重要性。因此，在教育女儿的时候，我们不能因为金钱本身的局限性就把其批评得一无是处，而应不推崇，也不贬低，让女儿明白，金钱是物质生活的基础，能够让生活变得更加美好。要知道，我们的目的并非是培养一个不食人间烟火的"小龙女"，而是要让女儿活得幸福快乐。

4. 诚信是人生的命脉，告诫女孩言必信、行必果

美国著名小说家西奥多·德莱塞说过这样一句话："诚信是人生的命脉，是一切价值的根基。"

无论在什么地方，讲究诚信的人无疑都是令人信服的，反之，缺乏诚信的人，哪怕有着尊贵的身份，滔天的权势，也都不会得到别人发自内心的尊重与信服。因此，在教育孩子的时候，父母一定要做到身体力行，让孩子明白诚信的重要性。

周六晚上，妈妈一回到家就拿出了两张《功夫熊猫》的电影票，婷婷一看简直乐坏了，这是她一直很想去看的电影。

匆匆忙忙吃完晚饭之后，婷婷就穿上了自己最喜欢的花裙子，兴致勃勃地准备和妈妈一起出门看电影。就在这个时候，家里的电话突然响了起来，妈妈接起电话，就听到那头一个小女孩的声音说道："阿姨你好，

我是童童，我想问一下婷婷吃完饭没有？什么时候过来？小悦和阿琪都已经到我家了。"

听到这话，妈妈有些纳闷，便转头问婷婷："你和邻居家的童童说好要去她家吗？"

婷婷有些难为情地扯了扯裙子，嘟嘟囔囔地说道："嗯……今天早上和她们说好要一块到童童家商量学校艺术节的事情……可也不是非得今晚商量……要不妈妈你告诉童童我有事……我想去看《功夫熊猫》……"

听了这话，妈妈并没有赞成婷婷的提议，而是认真地对她说道："婷婷，答应别人的事情却做不到，这是一种不诚信的表现。如果你不讲信用，以后还怎么能让别人相信你呢？在你看来，可能爽约一次不是什么大不了的事情，可一旦有了这个'前科'，以后别人再和你约定什么事情的时候，不免就会说：'反正婷婷也是个不讲信用的人，约定了也不作数。'你认为这样对吗？"

婷婷惭愧地低下头，对妈妈说道："我知道了，妈妈，我错了，今天我们不去看电影了，我现在就过去和童童她们一起商量艺术节的事情！"

或许有的人会认为，在这件事情上，婷婷妈妈有些小题大做了，反正电影票都买了，只要告诉小伙伴们一声，把约会改期，不就可以去看电影了吗？何必为了那么一点点小事就浪费了电影票呢？

但其实，俗话说"百尺之台，始于垒土"，越是细微的事情，往往就越能体现出一个人的品格，越容易给人留下深刻的印象。如果父母总把生活中那些看似细微的小事看得无足轻重，那么孩子必然也会有样学样，看轻诚实守信在为人处世中的地位。

要知道，家庭中的诚信教育不仅仅是父母对孩子的责任，同时还关乎着未来公民素质的培养。那么，作为父母，应该如何在生活中一点点培养起孩子的诚信意识，让孩子明白什么叫言必信，行必果呢？

◆ 细节 58：诚信无大小，让孩子学会遵守与他人之间的约定。

诚信的体现是不分大事小事的，父母应当重视孩子对别人许下的每一个承诺，不能想当然地以为事情无足轻重，就不把承诺当回事。人的习惯往往就是在生活中一点一滴的小事里逐渐培养起来的，只有重视每一个细微之处，才能将诚实守信根植于孩子的心中，让孩子养成言必信，行必果的好习惯。

◆ 细节 59：不倚仗长辈的身份随意惩罚孩子。

很多时候，孩了之所以做出违背诚信的事情，往往是为了逃避不好的结果，比如被父母惩罚。因此，很多家庭里，父母越是严厉，孩子反而越是容易出现撒谎或隐瞒之类的行为倾向。所以，想要让孩子养成诚实守信，不撒谎、不隐瞒的习惯，父母首先要做到奖惩有据，即便发现孩子做错事，也不能一味责罚打骂，而是应该耐心启发，引导孩子自己认识到自己的行为是不正确的。

◆ 细节 60：对孩子的诚信行为提出表扬。

在尚未形成完整的世界观、价值观之前，对于很多行为，孩子的内心其实并没有明确的对错观念。在这种情况下，父母需要做的，就是引导孩子去明辨是非，让孩子明白，哪些行为是错的，令人不齿的，哪些行为是对的，让人赞颂的。为了让孩子深刻理解这一点，父母不妨时刻注意，对孩子有意或无意中做出的诚信行为提出表扬，让孩子在观念中潜移默化地接受诚实守信这一价值观，强化孩子的诚信意识，从而让孩子在不知不觉中养成言有信、行有果的行为习惯。

◆ **细节 61：以身作则，父母要树立诚信榜样。**

很多父母虽然都明白诚实守信的重要性，但并不是所有父母在孩子面前都能身体力行地做到这一点，尤其是在面对孩子的问题时，不少父母都会秉持一种"孩子很好糊弄"的观点，常常对孩子食言。

但孩子真的好糊弄吗？事实上，很多时候，孩子或许会因为惧怕家长的权威而"放过"家长的出尔反尔，但这并不意味着他们心中会把这件事忘记得一干二净。试想一下，如果父母在面对孩子时，连自己许下的承诺都不能遵守，又怎么可能指望孩子相信你口中那些关于诚信的大道理呢？立身不正，又哪有立场和资格去教训别人？父母是孩子人生中最重要的榜样，所以，在孩子面前，父母更应谨言慎行，父母无意中说出的一句话，或做出的某种行为，往往可能影响孩子的一生。

5. "善良教育"：女孩还当"软"一些

《三字经》里说："人之初，性本善。"善良根植于人性深处，每个诞生于世上的孩子，本性都是善良的，即便是那些冷漠自私、缺乏道德意识的人，也必然曾有过良善的岁月，只是后天的经历和所受的教育引出了人性的恶，让天性的善良逐渐泯灭。

受到天性中善良的影响，孩子在不同的年龄阶段常常会有不同的善良表现：

比如 1 岁左右大的孩子，当他们听到其他孩子的哭声时，往往也会莫名其妙地跟着哭，这其实正是一种对其他人情感的感知行为。

到大约两岁左右的时候，听到别的孩子哭，孩子往往会跌跌撞撞地走到哭泣的孩子身边，咿咿呀呀地给予安抚。这说明，在这一时期，孩子已经能够分辨自己和别人的情绪了，并且会自然地给予处于悲伤中的人以安慰；

等孩子长到 5 岁左右的时候，他们已经知道该如何用行为和言语去安慰别人了，在这个年龄，看到身边的人陷入悲伤或痛苦中时，他们也通常都会自然而然地采取行动，劝导他人……

善良是一种美好的品德，也是一种体贴的行为，但在现实生活中，许多父母在教育孩子的时候，却往往会忽略掉这一点，甚至于会给孩子灌输一些与之相反的观念。比如，有的父母就常常会告诫孩子："不要相信任何人，这个社会非常复杂，人心隔肚皮，谁说出来的话都不可信。"还有的父母为了避免孩子受到欺负，也常常会灌输给孩子一些诸如"别人打你，你就要马上还手，不能被人欺负"之类的观念。

这其实也不难理解，每个父母都不希望自己的孩子受到欺负和伤害，所以他们宁愿孩子把内心的良善一点点丢掉，也希望他们能竖起心墙，在这个充满尔虞我诈的社会中保护自己，提防别人。

确实，对孩子进行安全教育是非常有必要的，但如果为了保护孩子而不断给孩子灌输这些偏激的观念，甚至磨灭孩子内心的善良，那么必然会在孩子心中埋下恶的种子，让孩子以后很难再信任别人，与人为善，这对孩子未来的发展同样是极其不利的。

阮雪的父母都是经商的，大约因为见惯了商场的尔虞我诈和明争暗斗，为了不让女儿吃亏，从小就教导她如何提防别人，时刻告诫她不要轻易相信别人，同情别人。在父母的耳濡目染之下，阮雪小小年纪就变得刁钻刻薄，从来不肯与人为善。

同龄的孩子到家里玩，阮雪做的第一件事就是把自己的玩具全部藏好，生怕被别人抢走或弄坏；结交朋友，阮雪从来不考虑志趣或性情是否相投，只琢磨对方能不能给自己带来好处；就连有时爸爸妈妈要动用她的压岁钱，她都得逼着他们写下欠条，还要收取利息……

因为这样的性格，阮雪从小到大几乎都没有一个交心的朋友，无论走到哪里，也都不讨人喜欢……

阮雪的父母对她的教导，初衷本是想要保护她，以免她踏入社会因为太单纯而遭到伤害。然而，他们大概没有想到，正因为他们不断给女儿灌输那些负面的观念，结果硬生生把一个善良可爱的女孩养成了一个人见人厌、精于算计的人，真是得不偿失啊！

人人都喜欢聪明的女孩，但未必会喜欢过于精明、世故的女孩。对于女孩来说，善良是一种令人心动的魅力，也是最容易打动人心的特质。没有人会拒绝一颗善良的心，正如没有人会愿意接受一个时时刻刻都充满尔虞我诈的人一样。

那么，作为父母，如何才能做好"善良教育"，培养一个人见人爱的"软"女孩呢？

◆ 细节 62：教育女孩保护花草和小动物。

据儿童心理学家研究发现，那些容易对动植物产生怜爱之情的孩子，情感要更加丰富、细腻，心地也更加善良；反之，那些总是对动植物不屑一顾的孩子，在与人交往中通常也都会比较冷淡。

所以，为了培养女孩的善良之心，父母不妨多教育女孩亲近大自然和小动物，而且，喜欢动植物往往也会让女孩在别人眼中更"加分"。

◆ 细节 63：为女孩提供一个亲切友爱的生长环境。

生长环境对孩子性格的塑造和形成是有重大影响的，通常来说，家庭和睦，父母子女相处和谐的家庭中，所教育出来的孩子性格也会比较温和稳定，具有同情心；相反，如果一个人的成长环境较差，亲子关系也不太和谐，那么所培养出来的孩子在性格方面通常都会存在较为明显的缺陷。毕竟如果一个人从小就不曾体会过关爱，那么恐怕他也很难懂得如何去关爱他人。

◆ 细节 64：教导女孩如何正确地表达善良。

在日常生活中，父母应该注意见缝插针地教导女孩，如何向别人表达善意，如何友好地待人接物。拥有一颗善良的心固然可贵，但如果不懂得表达，甚至罔顾对方的立场，自以为善良地给对方添乱，那善良反而会成为一种负累。

◆ 细节 65：对女孩善意的举动和心思表示肯定和赞扬。

孩子不管做什么，都是渴望得到别人的赞扬与肯定的。父母不妨利用这一点，每当孩子做出善良的举动，或表达善良的心意时，都给予一定的赞扬和鼓励，那么相信在下一次遇到同样的事情时，孩子依然会大方地表达自己的善良。

善良是每个人都与生俱来的一种美好，只要能够正确地加以教育和引导，任何孩子都能保存下这份善良，并成长为一个懂得宽容他人、理解他人，并富有同情心的好人。

6. 敢做敢当，让孩子扛起责任的大旗

相信在这个世界上，没有哪个父母会不希望自己的孩子成长为一个有责任、有担当的人。但在现代家庭中，由于父母对孩子过分的溺爱，以及对孩子成才的迫切渴望，他们总是心甘情愿地奉献一切、倾其所有，来满足孩子的每一个愿望，帮孩子铺平前方的道路。

殊不知，父母这样做的结果，不仅不能给予孩子一个锦绣前程，反而可能让孩子在唾手可得的一切中逐渐丧失奋发向上的动力，无法培养起对家庭、对社会的强烈责任感，成为一个缺乏担当，只会坐享其成的人。

五年二班在推选班长时，几乎超过半数的同学都把推选班长的选票投给了班上一个成绩平平的女孩杜玲。老师觉得很奇怪，杜玲在班里并不是什么风云人物，长相一般，家境一般，学习成绩也顶多是在中游水平，

可为什么会有这么多人"服"她管呢？

在询问了几个投票给杜玲的同学之后，老师这才知道，原来大家之所以愿意把选票投给杜玲，完全是因为她的责任心。每次只要轮到杜玲做值日生的时候，除了把教室打扫得干干净净之外，只要发现有同学的桌子出现螺丝松动，或者不平衡的情况，杜玲都会顺手帮忙把桌子修好。

正是这一小小的举动，让同学们看到了杜玲的认真负责，在大家看来，一个能把值日这件小事也做得滴水不漏的同学，肯定会成为一个优秀的好班长。

杜玲之所以能够获得周围同学的肯定，只是因为她在做事时比别人多做了"一点点"，而促使她比别人多做这"一点点"的，正是她内心的责任和担当。美国总统林肯就说过这样一句话："人所能负的责任，我必能负；人所不能负的责任，我亦能负，如此，才能磨炼自己。"可见，优秀之人比平庸之人多出的，其实就是那么一点点的责任心。

责任心是衡量一个人是否成熟的重要的标准，同时也是一个优秀的人所必须具备的基本素质。一个人，如果没有责任心，不能担当自己应该担负的东西，那么无论年岁有多大，这个人都是不成熟的。只有敢做敢当，能够扛得起肩膀上责任大旗的人，才能得到他人的肯定与认可，也才能称得上是一个成熟的人。

无论在哪一个民族，责任感毋庸置疑都是人们所推崇的最重要品德之一，只要是生活在这个社会中，无论你年纪多大，地位多高，都需要去承担相应的责任，这是每个人在社会上安身立命的根本。

那么，父母可以通过哪些方法来培养孩子的责任心，让孩子成为可以肩负重任的人呢？

◆ 细节 66：通过言传身教来引导孩子。

人的责任心并非是与生俱来的，是需要在生活中逐步培养的，而最有效的方式，莫过于父母在日常生活中的循循善诱和言传身教。

通常来说，父母在孩子心目中的地位是非常崇高的，父母的一举一动、一言一行，都是孩子模仿的对象。所以说，要想培养孩子的责任感，父母自己首先就得表现好，无论遇到什么事情，都要敢于承担。只有父母自己先做好了这一点，孩子才能从父母身上获得榜样的力量，学会对自己的所作所为负责。

◆ 细节 67：让孩子为家庭出一份力。

有的父母在教育孩子的时候，常常会因为爱女心切而把一些不恰当的观念灌输给孩子。比如父母因为心疼孩子，就不让孩子做家务；或因为觉得孩子还小，就不肯给予孩子在家庭中的发言权等等。这些行为往往会让孩子产生一种错误的观念，认为家里所有的事情都是父母应该去承担的，和自己没有任何关系，不属于自己的"管辖范围"。这样一来，久而久之，孩子就很难培养起责任心，成为有担当的人了。

因此，如果希望孩子成长为有责任、有担当的人，父母就应当从小教育孩子，让孩子明白，自己也是家庭的一员，理所应当为家庭出一份力。比如可以让孩子尝试承担力所能及的家务活，让孩子参与一些家庭决策的讨论等等。通过适当的引导，让孩子从小建立起责任的概念，并养成自觉承担责任的好习惯。

◆ **细节 68：放手让孩子自己处理自己力所能及的事。**

不少父母都喜欢"包办"孩子的事情，大到学习什么，未来做什么工作；小到今天穿哪件衣服，有什么安排。这样一来，孩子在成长过程中就很难获得"一展拳脚"的机会，如此一来，自然也就很难培养起责任意识。所以，父母应当懂得克制自己为孩子"包办"一切的欲望，适度放手，让孩子自己去处理与自己有关的一些事情，在学会独立做事的同时，也培养起责仟感。

◆ **细节 69：让孩子在成就感体验中学会担当。**

父母的鼓励和认可对孩子来说意义非凡，能够让孩子在增强自信的同时，更加充满动力地坚持去做某些事情。利用这一点，父母可以让孩子做一件力所能及的事情，并适当地给予鼓励和夸奖，让孩子在不断的成就感体验中学会担当，逐渐将这件事看作自己需要承担的一种责任，从而培养责任意识。

有不少父母或许认为，责任感的培养是一件非常严肃的事情，应当等孩子长大懂事之后再着手进行。但实际上，任何一种行为习惯都应当是从小就培养起来的，也只有在日常生活中，从细微之处着手，才能真正把一种观念或习惯深入骨髓地"刻"入孩子的行为习惯中。

Chapter 5 该管制时要管制，不良个性莫养成

随着生活条件越来越好，很多人对于自己的孩子也是越来越溺爱，即便是博学多知的父母，溺爱孩子也难免会让孩子变得骄纵跋扈。为了避免这种情况，有底线的管制是必须的，只有必要的管制，才能让孩子知道什么是对的，什么是错的，以孩子年纪小为借口，一味的溺爱，这种教育不可能成功。

1. 咱家小公主，该批评时也要批评

不可否认，激励教育法是帮助孩子树立信心，促使孩子奋发向上最有力的教育方法之一，也是现在不少父母极为推崇的一种教育理念。但孩子终究是孩子，除了激励之外，适度的批评也是必不可少的，否则孩子很容易在激励中出现自我定位偏差。一旦遭遇困难或挫折，往往容易变得不知所措，灰心丧气。

刘璐是个活泼开朗、头脑聪明的女孩，但她有个毛病，那就是做事常常毛毛躁躁，有始无终，而且一旦遭遇到挫折就特别容易打退堂鼓。

刘璐的父母都是知识分子，在教育孩子方面一直信奉激励式的教育，他们认为，激励能够帮助孩子树立信心，并且能够激发孩子拼搏上进的动力。事实上也的确如此，宝贝女儿刘璐从小就是自信满满的女孩，但问题是，这种自信却似乎只建立在没有挫折和阻碍的基础上，一旦真遇上问题，不管父母怎么激励，都没法子再把刘璐往前推一步。

刘璐的学习成绩还算不错，唯独数学一门始终不理想，久而久之，在数学这一科上受挫的刘璐非但没有迎难而上，反而渐渐有了破罐子破摔的势头。

前一段时间，刘璐的期中测验成绩出来了，数学只考了 61 分，在班上属于中下水平。回家之后，刘璐妈妈看到卷子，为了不打击女儿，依然用一贯的激励方式说道："璐璐，虽然这次考得不太理想，不过你瞧，后面这题，我记得上次考试有道差不多的题你做错了，这次做对了，有进步！继续努力！"

大概平时这样的话已经听多了，刘璐没有多大反应，只懒懒地应了一声就回房间听音乐去了。

刘璐爸爸回家之后，也看了看女儿的试卷，他想了想后把刘璐从房间里叫了出来，表情严肃地说道："你这些科目里，就数学一直没有进步，有没有分析过自己的问题出在哪里？你过来，我们一起看看，你卷子上这些题，到底是怎么错的？"

刘璐鲜少见到爸爸用这么严肃的表情和自己说话，心里有些讪讪的，虽然不太情愿，但还是坐到一边，拿着笔把错题都看了一遍，并一一解释究竟是哪里出的错。

"你瞧瞧你！刚才自己也说了，错的这些题目里头，有三分之一都是因为粗心大意才做错的，不是因为你不会做！还有这几题，之前明明做过，怎么一到考试就忘记了？再看看这道大题，你要是没把公式记错，这题能错吗？"爸爸拿着卷子严厉地批评了刘璐一通，然后勒令她回房间再把试卷自己好好看一遍。

从那之后，爸爸不再一味地激励刘璐，每次只要发现她犯了错，就会严肃地找她谈话，批评她一通。结果让人意外的是，批评不仅没有打击到刘璐的自信，反而让她在不断自省中取得了明显的进步。

在教育孩子的时候，仅仅靠一味的激励是不行的，当孩子犯错时，该批评依然得批评。激励能给予孩子自信心，但批评却能让孩子学会自省，并从中认识到自己的缺点和不足，从而有意识、有目的地改正这些错误，取得更大的进步和提升。

前苏联著名的教育学家马卡连柯曾说过："批评应当是教育"，"合理的批评制度不仅是合法的，而且也是必要的"。中国青少年研究中心的专家也曾指出，没有批评的教育是不完善的教育，没有批评的教育是一种虚弱的教育、脆弱的教育、不负责任的教育。

因此，父母在教育孩子的时候，不能只一味夸奖或激励，而是应该结合合理的批评，让孩子学会自我反省，自我约束，同时让他们明白，什么事情是对的，应该坚持下去，什么事情是错的，应该自我反省。

在批评孩子的时候，有几点是需要父母注意的：

◆ 细节70：批评孩子时要选择合适的时间及合适的场合。

每个人都是有自尊的，孩子也不例外，尤其是女孩，心思更是要比男孩细腻得多，脸皮也要比男孩薄得多。因此，父母在批评孩子的时候，一定要选择合适的时间和场所，尽量不要在公开场合对孩子提出批评，以免伤害到孩子的自尊心，这样非但不能达到批评的效果，反而可能让孩子产生逆反心理。

此外，在批评孩子时，尽量避免选在清晨、饭前或睡觉前。清晨是一天的开始，如果在清晨对孩子提出批评，很可能会让孩子一整天都被不良情绪所困扰；饭前对孩子提出批评也是极不恰当的，毕竟不管谁听到批评自己的话语，情绪上都会有所起伏，如果在饭前批评孩子，很可能会影响孩子的食欲和消化功能；睡前批评孩子同样不可取，在受到批评之后，孩子往往需要一段时间去整理自己的情绪和思绪，如果父母在睡前批评孩子，那么很显然会影响到孩子的睡眠质量，从而对身体发育造成不良影响。

◆ **细节 71：不要带着情绪批评孩子。**

批评不等于谩骂，批评应当是有理有据，条理清晰的。当孩子犯错时，父母难免会觉得心浮气躁，在这种情况下，很容易就会说出伤害孩子的话。因此，不管什么时候，父母批评孩子之前，都必须要先让自己冷静下来，绝对不能带着不良情绪去批评孩子，更不能使用不恰当的语言对孩子进行谩骂。

一定要记住，我们批评孩子，不是为了发泄自己的不良情绪，更不是为了打压、伤害孩子。合理的批评是为了让孩子认识并正视自己的错误，并在自省的同时努力改正这些错误。

◆ **细节 72：让孩子有发言和解释的机会。**

很多事情的发生都是极其复杂的，哪怕你亲眼所见，也未必就是事实的全部。因此，当父母发现孩子犯错，对孩子提出批评的时候，也应当给孩子一个发言和解释的机会，避免因为错过某些情况或真相而委屈孩子。

当然，父母也要让孩子明白，允许他发言和解释，是为了还原真相，了解他的内心想法，而不是让他找借口为自己开脱，推卸责任。

总之，父母一定要记住，教育孩子，该批评的时候一定要批评，只有这样，才能让孩子更全面，更客观地认识自己，了解自己。

2. 爱孩子有个度，别让女孩太乖张

林晓琪是被祖父捧在手心里带大的，祖父总是说，这女孩子就是应该养得娇气任性一些，这样才显得金贵。在祖父的维护下，林晓琪养成了个无法无天的乖张性子，俨然一个"小霸王"，常常不分时间，不分地点，想一出是一出，让人头疼不已。

就说那年林晓琪一家回老家过年的事情吧，就因为和亲戚家的孩子吵了两句嘴，林晓琪死活闹着不住亲戚家，结果大过年的晚上，林晓琪的妈妈只能板着一张脸领着她去了宾馆。

还有一次，林晓琪爸爸所在的公司开年会，可以带家属参加，爸爸就把林晓琪和妈妈一块带去了。爸爸的上司也带了夫人一起去年会，因为上司夫人身材有些胖，又穿了一件比较修身的小礼服，腰间的肉便有些明显，结果林晓琪居然在大庭广众之下，毫无礼貌地指着上司夫人大笑道："妈妈，你快看，那个大妈真像我昨晚看的动画片里的猪夫人，长得又肥又大！"

结果可想而知，现场一片尴尬。这以后，林晓琪爸爸怕是再也不敢带家里这个小祖宗去参加什么聚会了！

其实，对林晓琪的任性乖张，妈妈也感到非常生气，但每次，只要她批评林晓琪，祖父就会跳出来护着宝贝孙女，嚷嚷着什么小孩子就该天真烂漫，不兴学什么弯弯道道的东西。现在，眼看着林晓琪年龄越来越大，却依然还是嚣张任性，"童言无忌"，让人很是为她的未来担忧啊……

在现实生活中，像林晓琪这样的"熊孩子"不在少数，这种孩子，说好听了叫心无城府、天真烂漫，说难听了那就是一个讨人厌的任性鬼。要知道，天真不等于无脑，心无城府更不等同于不懂礼貌。

一位哲人说过："人们寻求他人的理解和尊重，就像花儿渴望阳光那样迫切。"在与人交往的过程中，每个人都是希望能够得到他人的尊重和理解的。懂得尊重别人是一种美德，而被人尊重则是一种权利。而像林晓琪这样被人娇宠惯了，性情乖张又嚣张的孩子，显然是根本不懂得尊重别人的，这样的孩子又怎么可能得到他人的喜欢呢？宠爱孩子不是错，但必须得有个度，否则当宠爱变为纵容之后，这份娇宠反而会害了孩子，成为一生的负累。

性情乖张的孩子存在的最根本问题就是不懂得理解和尊重他人的情感需求，说话做事都习惯以自我为中心。要改变这种情况，我们首先要知道，所谓人的情感需求，到底包括哪些方面。

◆ 细节73：受尊重的情感需要。

得到尊重是每个人在人际交往中最基本的情感需要，也是两个人建立交往的基本前提。尤其是在当今社会，随着人们民主、平等、自由等意识的增强，人们获得尊重和肯定的心理需求更是日益强烈。

◆ 细节74：得到关怀的情感需要。

在生活中，每个人都渴望能够得到别人的关怀，这是一种让人倍感温暖的力量。尤其是在人情越来越淡薄的今天，这种人与人之间的关爱也就更显得弥足珍贵了。

◆ 细节 75：获得同情的情感需要。

美国著名成功学家戴尔·卡耐基说过这样一句话："同情，是所有人类最渴望的东西。孩子会急着展示伤口给你看，来赢得你的同情。其实成人也一样，总是喜欢谈自己真实而虚构的种种不幸，来争取你的同情。"这句话告诉我们，想要赢得友谊，最直接有效的方式就是要学会和他人进行换位思考，理解并同情对方的立场与处境。

◆ 细节 76：得到激励的情感需要。

不管做什么事情，人们都是渴望得到他人的肯定与赞美的，这是人性最正常的情感需求之一。而激励就如同阳光一般，能够将人内心的阴暗驱散，让人鼓起勇气继续向前。

在了解了人的情感需求之后，我们下一步需要做的，就是教导孩子，如何满足他人的情感需求，从而与他人建立并维持良好的人际关系。

◆ 细节 77：鼓励孩子多与人打交道，促进人际之间的交往。

如果父母希望让孩子学会如何与他人相处，得到他人的喜欢和肯定，那么就得多鼓励孩子与人打交道，在实践中磨炼自己，以免养成孤芳自赏、沉默寡言的习性。只有多与别人打交道，多和别人交往，才能了解到别人内在的需求，从而激起彼此间的情感火花。

◆ 细节 78：面对任何人都不要抱有成见。

人与事都处于不断的变化之中，没有谁是永远一成不变的。因此，作为父母，一定要懂得教育孩子，在与人交往时，不要因"第一印象"就轻易得罪人，否定人。只有学会放下成见，冷静思考，才能真正做到客观公正地看待别人。

◆ **细节 79：消除情感因素的影响。**

情绪常常会影响我们的情感，比如在情绪高昂的时候，哪怕只是看看山水，都能觉得快乐无忧；而在情绪低落的时候，哪怕外头阳光明媚，也只会让人忍不住抱怨那火一般的日头。总归来说，一旦被情绪缠上，人往往就会变得不可理喻起来。

父母一定要交代孩子学会控制并排解自己的不良情绪，尤其是在表达愤怒或悲伤等不良情绪时，更是要注意时间、地点、场合，以免给人留下喜欢无理取闹，嚣张任性的坏印象。

3. 开阔女孩心胸，防止嫉妒心太膨胀

一提到嫉妒，人们总是情不自禁地就想到女人。确实，相比男人而言，女人的嫉妒心相对要强一些，这大概就是为什么"嫉妒"两个字都带着"女"的缘故吧。

嫉妒是一种普遍却也不健康的心理，嫉妒心强的女孩总是看不惯别人比自己强，也无法容忍别人拥有的东西比自己多。抱有这样心理的人，无论如何都是不会获得进步和幸福的。因此，作为父母，一定要注意，

别让孩子在成长中被嫉妒的情绪所左右，从而做出伤害别人也伤害自己的事情。

五年三班最近发生了一桩事情，班长罗小芳的作业本总是莫名其妙丢失不见，桌面还常常不知道被谁乱涂乱画，这让罗小芳感到非常恼怒。

更令人惊诧的是，不久之后，"犯人"就被值日生不小心逮住了，这"犯人"不是别人，却是平时和罗小芳关系最好的林晶晶，班上的学习委员，这让老师和同学都感到非常惊讶。要知道，林晶晶可是典型的优等生，学习成绩好，性格也和善，常常帮助班上的同学，谁都想不到，她竟然会做出这样的事情。

班主任对这件事情非常重视，和林晶晶进行了多次谈话。这才知道，原来这一切竟然都是嫉妒引起的。

一直以来，林晶晶的考试成绩排名几乎都是班级第一，她也一直引以为傲。可最近，班长罗小芳找了个补习老师，成绩居然有了突飞猛进的进步，接连好几个科目的考试，都把林晶晶挤下了"第一"的宝座，这让林晶晶心里很不是滋味。

巧合的是，前一阵子，林晶晶的妈妈刚给她买了一条新裙子，林晶晶喜滋滋地穿着去上学，却偏偏和罗小芳"撞衫"了。罗小芳皮肤比林晶晶白，穿上这条裙子显得更漂亮可爱，听着同学们都夸罗小芳，林晶晶心里那根嫉妒的弦终于绷断了，于是才做出了这样的事情……

明明是一个优秀可爱的女孩，却因为嫉妒心的驱使，做出了这样令人厌恶的行为，可想而知，当这些事情被众人知晓之后，同学们恐怕也很难再一如既往地喜欢优秀的林晶晶了。林晶晶的行为不仅仅伤害了朋友罗小芳，同时也伤害了自己，可见，嫉妒这把双刃剑是多么危险。

　　嫉妒是一种非常普遍的情绪，在我们周围，不少女孩都有过嫉妒的表现，比如当她们看到其他小朋友得到新玩具时，便会吵闹着让父母也给自己买；看到别的孩子在学校表现好，受到老师的表扬和赞美时，会故意对他闹恶作剧等等。嫉妒是一种很常见的情绪，人人心中都会产生嫉妒，重要的是，要懂得正确地疏导这种情绪，别让这种情绪左右我们，做出伤人害己的事情。

　　女孩心存嫉妒时，通常会变得情绪起伏无常，前一秒还是阳光明媚，后一秒就可能阴云密布；前一刻还是沉稳的小淑女，后一刻就可能成为暴躁的"小泼妇"。这些不正常的情绪变化，往往都是嫉妒心在作怪，如果嫉妒的情绪不能得到正确的化解，那么久而久之就会成为一种病态，致使女孩的人格向坏的方向发展。这对女孩的身心健康极其有害，同时还会降低女孩学习和生活的积极性。

　　嫉妒心强的女孩由于长期处于一种不健康的心理状态中，不知道如何正确表达自己的内心，舒解自己的情绪，久而久之，这种压抑也会让女孩的器官功能随之下降，进而产生郁闷、心烦、自卑、自傲等消极的情绪。而且一个嫉妒心强的女孩，往往是争强好胜的，总是认为自己无所不能，若是遭遇挫折，则会因"希望越大，失望越大"而自暴自弃，甚至产生自卑心理，而当别人超过自己时，也往往会对比自己优秀的人产生憎恶。这样的女孩在集体中是很难立足的，也很难获得别人的认同和喜欢，因为她们心存嫉妒，很难与别人友好相处，自然也就不可能获得真心相待的朋友了。

　　可见，嫉妒心对女孩的危害不言而喻，作为父母，一定要记得时刻观察女孩的言行，及时帮助女孩消除内心的嫉妒情绪，教会她们如何正确地看待挫折与失败，杜绝被嫉妒心理所左右。只有这样，女孩才能更加客观地认识自己，了解自己。

那么，作为父母，究竟应该怎样做，才能帮助女孩在成长中正确消解自己的嫉妒情绪呢？

◆ 细节 80：帮助女孩正确认知自我。

嫉妒的产生往往正是源于对自我认知的不客观，因为总把自己看得很高，所以无法接受别人比自己强，比自己好。因此，想要消除女孩的嫉妒心，父母就要帮助女孩懂得如何正确地认识自己，客观地评价别人。

这种能力是需要从小就锻炼的，在女孩小的时候，父母就应该引导女儿去想一些这样的问题：我有哪些优点？我有哪些不足？我需要改掉什么样的坏习惯？我哪里做得不好吗？我可以成为人见人爱的女孩吗？……当女孩真正想明白这些问题，得到答案之后，她们也就能够明白自己究竟处于一个怎样的位置了。当女孩能够想明白自己的优劣，同时也想明白别人的优劣时，也就能够坦然面对别人的好运气或优秀成绩了。只有消除嫉妒心理，女孩才不会一味地妒忌，而是"取人之长，补己之短"，最终成长为更加优秀的人。

◆ 细节 81：父母的肯定是女孩自信的来源。

当女孩长期沉浸于羡慕别人的情绪中时，就非常容易因为自卑自怜产生嫉妒心。因此，作为父母，想要消除女儿的嫉妒心理，就要时刻记得给予她爱和鼓励，让她知道，自己是优秀的，也拥有着属于自己的幸福，无需去羡慕别人，嫉妒别人。

在父母正确的鼓励与肯定下成长起来的女孩，内心是坚韧而强大的：面对别人的夸赞时不会自大，而是继续努力，取得更好的成绩；面对比自己优秀的人时也不会嫉妒，而是不断地向别人学习，以取得更多的进步。所以说，鼓励和爱是化解嫉妒的良药。

4. 甩开刁蛮任性的"公主病"

现如今，不少女孩都患了一种"病"，我们称之为"公主病"。但凡是患了"公主病"的女孩，都是刁蛮任性，不讲道理的，而这种"病"的流行，归根结底，都是因为父母的娇惯。

"刁蛮任性"不是什么褒义词，但不少女孩的父母却似乎觉得，女孩的性格就应该是这个样子的，也正是因为有这样的想法，使得许多父母对女孩不断"放纵"，使得如今"刁蛮小公主"数不胜数。殊不知，这其实是一种不正常的心理现象，如果父母不及时对此进行正确的引导和教育，就可能给女孩以后的人生带来许多不必要的麻烦。

有一次，露露和妈妈在公交站等车。露露突然看到马路对面新开了一家精品屋，便饶有兴趣地对妈妈说道："妈妈，我们去那家店看看吧，我想买个新发卡。"

妈妈一听，皱着眉头说道："露露，昨天妈妈才给你买过一个发卡，今天不能再买了。"

由于露露是独生女，平时爸爸妈妈都很娇惯她，很少会拒绝她的要求，因此一听妈妈不给买发卡，露露就生气了，任性地嚷嚷着："我不管，我就要，不然我就不回家了。"

看着露露任性地耍赖，妈妈很生气，但越是教训，露露就越是哭嚷，引得不少人围观。眼看时间一分一秒地过去，下午还要上班，无奈之下，妈妈只得妥协，买了个新发卡才哄得露露乖乖回家。

没有任何人会喜欢一个任性的女孩，任性的女孩在面对问题的时候，喜欢固执己见，唯我独尊，根本听不进别人的意见。尤其在面对困难和挫折的时候，刁蛮任性的女孩往往很难用理性、坦然的心态去面对，更看不惯别人对自己的指责和批评。刁蛮任性的女孩固然不讨人喜欢，但归根结底，养成女孩这种不良脾性的责任，主要还在父母身上，就像露露，正因为每次她只要无理取闹，妈妈就会退让和妥协，这才让她渐渐养成了刁蛮任性、不讲道理的坏脾性。

想要让女孩避免养成刁蛮任性的脾性，我们首先就要知道，造成这一不良后果的原因是什么，总归来说有以下两点：

第一，父母对女孩过分的溺爱和无休止的妥协。当女孩想要什么东西的时候，父母总是倾其所有去满足女孩的欲望，这会让女孩觉得自己理所当然应该得到一切；而当女孩哭闹的时候，父母则习惯用妥协的态度给予女孩各种"好处"，来制止她们无休止的哭闹，久而久之，这将让女孩产生一种错误的认知，觉得自己只要哭闹就能得到自己想要的东西。

第二，父母不够果断，喜欢"拖延"。很多父母在发现自己的孩子有了不好的习惯或毛病后，总是会告诉自己："要想改变女孩的坏脾气，不是一朝一夕的事情，等过段时间再说吧。"就这样，日复一日，年复一年，直至刁蛮任性的坏脾气在女孩心理落地生根。等到性格已然定型，也就再难改变了。

所以，父母要想矫正女孩任性的习惯，必须从小开始，从细节处入手。据有关医学指出，女孩第一次任性通常出现在3岁左右，这个时候正是女孩对未知世界充满好奇的时候，她们做事往往以"自我为中心"，凡事只以自己的意志为主。这个时候，如果父母不懂得给予女儿正确的引导和管教，便会放纵她们的任性，以至于养成女孩任性的坏脾气，影响她的一生。

任性不是女孩与生俱来的，它是在不良的家庭教育环境中孕育而生的。所以，作为父母，如果你不希望自己的女儿成为刁蛮任性的小公主，就必须懂得克制自己的爱，及时矫正女孩的不良习惯，更好地帮助女孩改正缺点。

◆ 细节82：父母的放纵才是"公主病"的病根。

女孩的"公主病"往往都是父母纵容的结果，小孩其实都是懂得察言观色的，每一次的胡闹任性，其实都是对父母底线的一种试探，根据试探的结果，孩子会明白，自己究竟能够在父母面前做到什么地步。

因此，如果不想让女孩养成人见人怕的"公主病"，父母就一定要严格把控好自己的底线，尤其当女孩提出不合理的任性要求时，父母一定要坚定立场，绝对不能为了安抚孩子就无条件地退让，这样只会助长女孩的脾气，让女孩变得越来越任性。

为人父母，疼爱孩子虽然是理所当然的，但及时纠正孩子的错误也是必须担负起的责任。所以，为了孩子的未来，父母一定要懂得节制自己的爱，千万不要盲目助长了孩子的任性。

◆ 细节 83：了解女孩任性背后的动机。

很多时候，女孩之所以做出任性的举动，未必都是心血来潮的无理取闹，很可能她们只是渴望以此来吸引父母的注意，或表达自己对父母的不满。因此，当女孩无理取闹时，父母不妨试着和女孩心平气和地进行沟通与交流，鼓励女孩说出自己的诉求，了解女孩任性举动背后的动机。但需要注意的是，无论女孩的任性举动是出于怎样的理由，父母都应该让女孩明白，这样的做法是错误的，千万不要因为一时的心软就放任女孩的错误。

◆ 细节 84：耐心引导，用正确的方式教育女孩。

当女孩犯错时，很多父母的第一反应都是开启"说教模式"，若是说教无果，父母则往往会立即转向"打骂模式"。当然，父母打骂女孩，目的并不是想要伤害女孩，而是为了能起到震慑作用。在父母看来，既然女孩不听话，那么只要让她害怕就行了，害怕了自然就不会继续任性。但其实，这样做是非常不明智的，害怕可能会让女孩不敢继续在父母面前放肆，但这并不意味着女孩会明白自己究竟错在哪里，更重要的是，打骂反而可能会促使女孩养成对父母阳奉阴违的坏习惯。

教育孩子不是一朝一夕就能完成的事情，父母必须得沉得住气，耐得下性子，潜移默化地去引导女孩，让女孩明白自己的行为究竟错在哪里，对在哪里。需要注意的是，这种潜移默化的引导最好在女孩情绪稳定的时候进行，如果女孩本身情绪非常激动，那么她是不可能听进任何劝导的。

5. 女孩可以有傲骨，却不应有傲气

骄傲自满是阻碍女孩成长进步的最大"敌人"，骄傲自满的女孩往往喜欢高估自己的能力，总是拿自己的长处去和别人的短处比。哪怕面对比自己优秀的人，她们也总是摆出孤芳自赏的姿态，认为自己更胜一筹。

骄傲的女孩通常对自己和对别人都缺乏客观的认识，容易被虚伪的表面蒙蔽双眼，看不清事实的本质，这样的女孩内心是非常脆弱的，尤其在遭遇别人的指责和批评时，往往很难调控自己的情绪，接受别人的批评。而当别人反驳她们的观点时，她们则会竭尽全力，不顾事实地证明自己的观点。可当别人抱着友好的态度与她们交往时，她们又总是摆出一副高高在上的样子，让别人敬而远之……

为了丰富同学们的课余生活，学校开办了一系列的兴趣交流活动。林芳和陈媛媛在校外都报了同一个绘画班，因此两人都参加的是绘画交流小组。

林芳是个非常聪明的女孩，头脑聪明，学东西也非常快，在绘画班的时候，老师不管讲授什么，基本上她都是一听就会，因此常常得到老师的表扬。相比林芳来说，陈媛媛就显得要木讷一些，学习新的绘画方法也比林芳要慢得多。

或许正是因为自己本身的才华，所以林芳总是显得有些高高在上，恃才傲物。就连在绘画交流小组也是这样，她总觉得，自己在绘画方面比同龄人要强得多，根本没必要向别人"取经"。

陈媛媛则不一样，自从加入绘画交流小组之后，她就积极地与同组成员进行交流，并向每个人虚心请教绘画的技巧。

交流活动结束之后，林芳并没有多少实质性的收获，而陈媛媛却学到了不少在绘画班也没能学到的新东西。之后不久，市里举行了一场盛大的绘画比赛，林芳虽然取得了不错的名次，但令人意外的是，一直以来不显山不露水的陈媛媛却获得了大赛的亚军，成绩比林芳还要好得多。

相比陈媛媛，林芳显然要聪慧得多，在绘画学习方面也要更有天赋，但就因为她自视甚高，不愿意虚心学习，所以便只能一直"原地踏步"，最终被陈媛媛超越。可见，谦虚才能让人进步，骄傲则只能使人落后。

许多父母都说过诸如这样的话："虽然我们家女儿有点骄傲，但她又乖又听话，学习成绩也不错。"、"女孩骄傲一些，也是一种自信的表现，没必要压制她。"……确实，大多数内心骄傲的女孩，为了维护自己的荣誉和成就感，通常会在某些方面表现得比较优秀。但也正由于自身的骄傲，往往使得她们容易沉湎于眼前的成绩，自高自大，难以取得更多的进步。

骄傲自大在很大程度上，对女孩未来的生活以及事业都是有着很大影响的。就像乐乐，原本是个人见人爱的优秀女孩，却因为自己的骄傲自大，成为了班级里"讨厌的人"。所以说，作为父母，想要让女孩在将来拥有幸福和成功，就要及时剔除女孩心中骄傲的"毒瘤"。只有这样，女孩才能不断进步，在不久的将来广结人缘，平步青云。

总而言之，对于女孩来讲，骄傲自大的情绪不利于身心的成长。作为父母，一定要懂得及时帮助女儿走出自负的泥潭，熄灭骄傲的火焰。那么，父母究竟应该怎样做，才能避免女孩长成骄傲自负的小公主呢?

◆ 细节 85: 赞美要适度，不要把女孩捧得太高。

对于女孩来说，表扬和鼓励的确能够给予她们更多的信心，让她们更有勇气，也更有动力地去学习，去进步。但同时，过分的表扬和鼓励也可能会滋生女孩骄傲自满的性格。因此，在教育女孩的时候，父母一定要懂得把控表扬的"温度"和"浓淡"，既要达到鼓励的作用，也不能让女儿因此骄傲自满。

表扬的"温度"应根据女儿的性格特点来进行调整，比如你的女儿如果性格内向害羞，那么父母就应该给表扬加温，帮助她们树立更多的信心；而如果你的女儿性格活泼，极具自信，那么就要适当地给表扬降温，以免助长她们的"气焰"。

对于年幼的孩子来说，他们的自我评价能力和自我认识能力还非常低，如果家长总是过分地夸赞、肯定，他们也会信以为真，认为自己确实非常完美，骄傲情绪也自此产生。所以在生活中，父母在给予女儿肯定和赞扬时，一定要恰如其分，以免让女儿滋生骄傲的心理。

◆ 细节 86: 赞美要"事出有因"，不要总把好话挂在嘴边。

很多父母或者为了哄女孩开心，或者为了让女孩对自己更有自信，往往会采取赞美的方式，不断给女孩打气，鼓励女孩。虽然我们常常说，女孩的自信来自于父母的肯定，但需要注意的是，任何事情都讲究一个

"度"，夸赞同样如此，如果父母总是习惯把夸奖的话挂在嘴边，那么很容易会让女孩在无休止的夸奖中迷失自我，找不到正确的方向，也无法客观地认识自己，找到自己的定位。

所以，父母赞美女孩无可厚非，但一定要"事出有因"，不能不分青红皂白就把女孩夸赞一通，这样很容易会让女孩滋生出骄傲自满的情绪，自以为高人一等，如此反而不利于女孩的成长。

◆ 细节 87：父母奖励女孩，精神奖励比物质奖励更重要。

女孩的心思比男孩更加敏感纤细，也更渴望在取得进步时得到他人的肯定。这一点，很多父母都做得很好，但需要注意的是，在"表示"肯定时，不要只一味地拿出物质奖励，滋生女孩贪图享乐的恶习。要表达赞扬，精神上的鼓励远远比物质上的鼓励要更胜一筹。

所以，当女儿取得优异的成绩，站在领奖台上的时候，父母与其拿出厚厚的红包，不如给她一个鼓励的眼神，让她们有更多的力量和信心继续努力；当女儿帮助了别人时，比起物质的礼物，父母一句夸赞的语言，更能让她们肯定自我，将善举继续做下去。

女孩应当有傲骨，却不该有傲气。有傲骨的女孩值得欣赏，有傲气的女孩却不免让人望而却步。而作为父母，应当做的，便是用心去了解女孩，教导女孩，努力培养出拥有傲骨而没有傲气的优秀女孩。

6. 别让女儿中了虚荣的 "毒"

女孩子都有虚荣心，都希望获得别人羡慕或赞赏的目光，这是非常正常的，但如果这种虚荣心超出正常的限度，那就有百害而无一利了。虚荣是女孩成长过程中最容易出现的心理问题之一，有心理学家表示，女孩产生虚荣心是心理发育过程中的一种正常现象，在正确引导之下，虚荣心可以转化为进取心，帮助女孩积极进取；但如果不加重视，任其发展，虚荣心则会成为女孩成长中的绊脚石，让她以后变成一个喜欢弄虚作假、沽名钓誉的人。

蕾蕾的家庭并不算特别富裕，但作为家里的独生女，也一直备受父母宠爱。蕾蕾从小就喜欢读关于王子公主的童话故事，一直梦想着能成为童话故事里的公主，在外面，蕾蕾也一直是这样要求自己的，因此不少人都以为蕾蕾是个富裕家庭的大小姐。

学期末的时候，班级要举行亲子联欢会，但蕾蕾却不想让妈妈去，而是提出让姑姑去。原因很简单，蕾蕾的妈妈只是个清洁工，而姑姑却是医生，很显然，医生这个职业，比清洁工要光鲜亮丽得多。另外，蕾蕾还特意叮嘱姑姑，希望她去参加亲子联欢会的时候，一定要开那辆宝马车，这样才更能显得 "有面子"。

妈妈知道蕾蕾的打算之后，心里觉得很难过，同时也为蕾蕾的虚荣感到担忧，她决定好好和蕾蕾谈一谈，势必要扭转她的虚荣心。

蕾蕾放学回家之后就被妈妈叫到了房间，妈妈没有训斥她，也没有生气，而是心平气和地问了她一系列的问题：

"你们班学习最好的同学，父母是做什么工作的？"

"咱们家有哪些让你喜欢的地方？"

"你觉得妈妈有哪些优点？"

蕾蕾一边回答妈妈提出的问题，心里一边想着妈妈以往对自己的关怀，她逐渐认识到，虽然妈妈的工作不像姑姑那样光鲜，但妈妈对她的爱却是胜过任何人的，而她也同样很爱很爱妈妈。如果同学真的因为妈妈的职业而不喜欢她，那么只能说明，这个同学对她的友谊是虚假的……

在想通了这些问题之后，蕾蕾豁然开朗，不再因为妈妈的职业而感到"羞愧"了，她向妈妈道了歉，并正式邀请妈妈和她一起出席班级的亲子联欢会。

每个人都有虚荣心，这原本是正常的，但像蕾蕾这样，为了满足自己的虚荣心，甚至打算让姑姑代替妈妈参加班级的亲子联欢会，这样的虚荣心显然已经超出了正常的限度，如果放任不管，任其发展，对蕾蕾以后的成长必然会造成严重的不良影响。而蕾蕾的妈妈是非常聪明的，她没有训斥蕾蕾，而是采用循循善诱的方式，让蕾蕾意识到自己的错误，从而主动认错。

虚荣心对女孩的成长有着不容小觑的危害，有人曾做过一项调查，结果发现大部分独生女的虚荣心比非独生女要强。而在被调查的独生女中，有20%存在较强的虚荣心。在女孩的成长过程中，虚荣心强会带来一系列的问题，比如，为了满足自己的虚荣心而经常说谎，情绪不稳定，不认真学习，缺乏意志力等等。

虚荣心过强的女孩在遇事时往往容易盲目自信，甚至是自负，她们总是具有极强的优越感，习惯以自我为中心，觉得自己事事比别人强，高人一等。抱持这样心态的女孩，往往缺乏感恩之心，总觉得自己得到的一切都是因为自己的能力，和别人没有任何关系。这样的心态如果一直不改变，那么等以后女孩进入社会，也是很难与别人建立起稳定交往的关系的。

另外，虚荣心过强也容易使女孩形成歪曲的人生观和价值观，不少虚荣心强的女孩为了显示出自己的优越感，通常都会对物质有着超出自身能力的执着和要求，总觉得别人有的自己也应该有，别人没有的自己也想拥有，长此以往，对女孩的身心健康都会产生不利影响。

有的女孩为了满足自己的虚荣心，会变得越来越虚伪，甚至采取欺骗的手段来抬高自己，甚至出卖自己的人格和自尊。而且，这样的女孩即便是做好事，通常也抱着功利的心理，甚至为了得到别人的赞扬和肯定而不惜弄虚作假。

不管怎么样，对于女孩的成长来说，虚荣心绝对是不可忽视的一大阻碍，父母应当对此引起重视，时刻注意观察捕捉女孩这方面的苗头，及时采取相应对策进行教育和开导。具体来说，父母们可以从以下几方面着手：

◆ 细节 88：关注女孩心态变化，掐灭虚荣的苗头。

任何的习惯或心态都不是突然之间就形成的，总有一个发展的过程，因此，在平时的生活中，父母不妨多注意女孩的心态变化，一旦发现女孩有虚荣的行为，便及时制止，及时将虚荣的苗头掐灭。

任何一种习惯的形成都有一个逐渐成型的过程，而在这个过程中，女孩也会通过自己的一些行为展现出不少信号，虚荣心的形成同样如此。父母只要多观察女孩的行为，就一定能够发现这种"信号"，及时帮助女孩纠正错误，让女孩重回正途。

◆ 细节 89：尊重女孩，满足女孩对荣誉感的需求。

许多时候，女孩之所以会产生虚荣心，其实是因为自尊心无法得到满足。简单来说，虚荣也是女孩追求自尊的一种方式。因此，父母如果希望让女孩远离虚荣，那就得从根上下手，给予女孩足够的尊重，满足了女孩的自尊心，才能不让女孩为虚荣所惑。

想要满足女孩的自尊心有很多方式，比如，父母可以通过帮助女孩发掘特长来让女孩从中获得荣誉感，从而更加自信、自尊。此外，父母也可以多引导女孩参加一些能够帮助别人的活动，让女孩从帮助别人的行动中获得荣誉感，从而使自尊心得到满足。

◆ 细节 90：节制物欲，杜绝女孩的攀比性消费。

很多时候，出于对女孩的宠爱，父母往往会想尽办法地满足她们的物质需求。在这个过程中，女孩很容易会滋生出攀比心态，如果父母不及时进行纠正和限制，依然一味地满足女孩的物质需求，那么很可能会扭曲女孩的价值观，同时也让家庭背负上越来越沉重的经济负担。因此，当父母发现女孩有了攀比性消费的苗头时，千万不要因为心疼女儿就满足她们无理的要求，以免助长女儿的虚荣心。

Chapter6 女孩也要吃苦头，逆商培养不能少

继智商之后，情商成了人们评价他人的重要标准之一，而在情商当中，抗压能力是不可缺少的重要部分。人的一生总要有很多的压力，考试、面试等无数的考验都在孩子未来的道路上等着她。不管孩子有多大的智慧，如果缺少抗压能力，在困难面前阵脚大乱，那么也不可能成为一个优秀的人才。

1. 小心你的女孩，成为"草莓族"

台湾清华大学教授彭明辉曾指出，说现在的学生，除了老师和家长让他做的事情之外，都不知道自己应该做什么；除了应付功课以外，好像别的情感和人格内涵都严重欠缺开发。许多小孩都成了"草莓族"：看上去鲜红可爱，但随便一碰一捏，就烂得汁水横流。

"草莓族"一词出自于翁静玉的著作《办公室物语》，一开始主要是用于形容那些初入职场，抗挫折能力差的年轻人的。而现在，"草莓族"所指向的族群已经不仅仅只是初入职场的年轻人，但凡是那些缺乏主见、胆小、依赖性强、不能承受压力和挫折的人，都囊括在了"草莓族"之中。

我们知道，在成长的过程中，孩子总会遇到各种各样的困难和压力，而这些困难与压力其实正是磨炼孩子意志，增强孩子抗压、抗挫能力的试金石。在许多家庭，由于父母对孩子的过分关注和保护，使得不少孩子在成长过程中，都没有独立面对困难和挫折的机会。父母的一手包办给孩子铺就了一条康庄大道，然而却也不小心将孩子养成了脆弱娇嫩的"草莓族"。

　　小冰今年 6 岁，将要正式成为一名小学生了。但入学前夕，小冰的妈妈却发现，她并没有像大多数孩子一样兴高采烈，对小学生活充满向往，反而情绪低落，有时还长吁短叹。妈妈觉得很奇怪，就问小冰为什么不开心。小冰回答说："我不想去上小学……那里离家太远了，我害怕……而且我会想爸爸妈妈，想爷爷奶奶，我不想去……"但其实，小冰即将入学的小学离家里不过只有两站地的距离，根本算不上远。

　　看着娇滴滴的女儿，小冰妈妈叹了口气，刚想开口说点什么，就见坐在一旁的奶奶把小冰抱到了怀里，轻声细语地安慰她说："宝贝，放心，奶奶和爷爷每天都会送你去上学，你一下课就来学校门口那里，奶奶和爷爷给你买好吃的！等放学了再去接你，好不好呀？"

　　听到小冰奶奶的话，妈妈不禁皱紧了眉头，虽然当面不好意思说老人家什么，但妈妈也暗自下定决心，以后还是要把工作放一放，多花点心思在女儿身上才行。女儿如今之所以变得这样怯懦娇气，和爷爷奶奶对她的娇生惯养有直接的关系，再这么下去，女儿怕真是要成一颗脆弱的"小草莓"了！

　　在我们周围，像小冰这样胆小又娇气的女孩并不少见，而造就这一现象的根源，正是家长对孩子的过分关注和宠溺。就像小冰的奶奶那样，恨不得时时刻刻把小冰拴在身边，让她无法真正学会独立，学会坚强。

　　如果一棵树总是被照顾得细致入微，轻易就能得到水分和肥料，那么这棵树便不需要努力把根扎入土地，即便长势好，一旦遭遇狂风骤雨，便可能随时被连根拔起；而如果一棵树不能轻易获得成长所需要的一切，那么这棵树就会努力把根向着土地深处去探索，如此，哪怕历经风雨，稳稳扎根的树木也始终能够屹立不倒。

孩子就像这树一样，如果父母总是百般呵护，那么他们永远无法为自己打下抗击风雨的根基。所以，父母如果真的为孩子好，就一定要舍得把他们放到困境中去历练，只有经历了风雨，扛住了挫折，才能健康茁壮地成长起来。

许多养育女孩的父母总认为，女孩比男孩更加柔弱，所以更需要父母的呵护与宠溺。但其实，恰恰正因为女孩天生就比男孩柔弱，所以在教养女孩的时候，父母才更应该教会她独立，让她学会坚强。如果总将女孩看作娇花，那么作为花房的父母一旦再不能为她遮风挡雨，她又如何才能继续生存下去呢？

自古英才多磨难，想要成为优秀的人，就必须经得起苦难的打磨。作为父母，除了给予孩子关爱，还应懂得该放手时就放手，别用宠溺把女孩纵容成了磕不得碰不得的"草莓族"。

◆ 细节 91：别把女孩当弱者，她能做好很多事。

著名的教育家卡尔·威特曾说过这样一句话："如果把人生比作瓷器，那么幼儿时期就是黏土。"孩子未来会成长为一件怎样的"瓷器"，关键还是取决于父母对"黏土"的塑造。如果父母总把女孩看得柔软脆弱，对她呵护备至，那么女孩以后必然也没有机会变得独立而坚强；相反，如果父母能够把女孩当作强者来对待，让她有机会在苦难中磨砺，那么她日后必然也将变得勇敢而坚强。

一个人是否强大，与性别、年龄都是毫无关系的。在这个世界上，优秀坚强的女性比比皆是，活了一把年纪却还处处依赖他人的人也不在少数。可见，人与人心性的差异，归根结底，还是父母教育和人生阅历的差异。

所以，别总把女孩当成弱者，试着放手，让她勇敢地直面风雨，你会发现，她能做好很多事，她也远比你想象中要优秀。

◆ **细节 92：以身作则，培养女孩的强者意识。**

从身体素质方面来说，女孩的身体构造天生就不如男孩那般健壮有力，这是无法改变的事实，但这也并不意味着，女孩就注定天生要成为弱者。事实上，女孩也有很多优胜于男孩的天性，比如女孩在情感上比男孩更加细腻，女孩往往比男孩更稳定也更细心。

在女孩的成长历程中，同为女性的母亲对她观念的形成是有很大影响的，因为母亲是女孩身边最接近也最亲近的成年女性，在对这个世界有足够的了解之前，母亲的生活就是女孩认识自己未来的 一个"参照"。母亲如果是独立自主的女性，那么女孩必然也会受到影响，以此为目标去成长；而母亲如果总是显得怯懦又没有主见，那么无形之中也会给女儿一个错误的印象，以为女性就应该是这个样子的。

所以，作为父母，一定要以身作则，努力成为值得女孩学习的榜样，尤其是母亲，更要注意在女孩面前的一言一行，帮助女孩培养强者意识，唯有如此，女孩才能在未来真正成长为独立自主，能够主宰自己命运的优秀女性。

2. 送她些困难，女孩远比想象中坚强

在人生的旅途中，有两样东西是必不可少的，那就是困难与挫折，无非只是有人遇到得多，有人遇到得少罢了。

人生的每一个阶段都会遇到不同的困难与挫折，成年人有成年人的烦恼，看似无忧无虑的孩童自然也有属于自己的烦恼。成长过程中的困难与挫折，不是成长道路上的阻碍与牵绊，相反的，它们更如同成长历程中的试金石，不断考验我们的智慧，增强我们的能力。

徐燕燕是个非常聪明的女孩，从小就是老师、父母和邻居们交口称赞的对象，是典型的"别人家的孩子"。徐燕燕不仅学习成绩名列前茅，而且还特别有美术天赋，在上小学的时候，她的画作就多次被选为对外交流的儿童画作去出国展览。

或许正是因为一直活在鲜花与掌声中，徐燕燕久而久之也不免有些飘飘然，觉得自己的确比别人强，活得也比其他同龄人要更成功。徐燕燕的父母很快就察觉到了女儿的心思，他们琢磨了很久，觉得徐燕燕一直以来都过得太平顺了，身边的人对她除了夸奖还是夸奖，这样很容易让她变得骄傲自满，以后再想取得进步就困难了。

在想明白这些问题之后，徐燕燕的父母决定主动为她引进一些"障碍"，让日渐骄傲起来的徐燕燕体会一下什么是挫折。

过了几天，徐燕燕的妈妈特意找了个时间，带着徐燕燕去一个同事家玩。那位同事也有个女儿，比徐燕燕还小一岁，非常聪明，在市级的象棋比赛中还拿过奖。之所以会带徐燕燕去这位同事家，是因为徐燕燕

对象棋也很有兴趣，已经学了半年多了。

初次见面，有着象棋这一共同话题，两个小女孩很快就熟络了起来，大人在一旁说话的时候，两个小姑娘就在一边下象棋。一开始，徐燕燕玩得很开心，但下了几盘棋之后，脸色却越来越不好。虽然下象棋不是她最擅长的项目，但在徐燕燕看来，她的棋艺在同龄人中是相当不错的，怎么也想不到会输给一个年纪比她还小的女孩，而且是输得惨不忍睹。

没过多久，徐燕燕就脸色很不好地缠着妈妈带她回家了。回到家后，看到女儿依然一副郁闷的样子，妈妈笑着对她说道："燕燕，怎么了？是因为刚才下象棋总是输，所以不高兴吗？"

徐燕燕没吭声，抬头看了妈妈一眼，又自己坐到一旁生闷气去了。

妈妈摸了摸徐燕燕的头，又继续说道："其实这也没什么的，你别看小妞妞年纪比你小，去年市里举办的青少年象棋大赛，人家可是拿了全市亚军的，你下不过她也很正常。"

听了这话，徐燕燕惊讶地张大了嘴巴："真的假的？她这么厉害啊？"

妈妈微笑着继续说道："是呀，小妞妞和你一样，也是个非常优秀的小姑娘。要知道，在这个世界上，从来就不缺少优秀的人，要不人家怎么会说'一山还比一山高'呢？学无止境，不管你多聪明，多厉害，前头总会有比你更聪明、更厉害的人，所以不管取得多好的成绩，都不能骄傲自满，前面的路还长着呢！"

妈妈的话让徐燕燕若有所思，过了许久才坚定地点了点头，大声说道："妈妈，我懂了！"

如果一个人从小到大都过着顺风顺水的生活，从来不曾遭遇过困难与挫折，那么即便这个人再优秀，再有能力，一旦遭遇困难或挫折，就会轻易被击溃，被摧毁。一个人是否坚强，是否厉害，不是看这个人能走多远的路，爬多高的山，而是看这个人在跌落深谷，遭受打击之后，是否还能依靠自己的力量站起来。

一个真正优秀并且成功的人，绝对是经受得起挫折与失败的人。作为父母，想要培养出一个优秀的女孩，就必定不能事事包办，将她圈养于温室。这一点徐燕燕的父母就做得非常好，在察觉到一直过得顺风顺水的女儿开始产生骄傲自满的情绪时，便能及时地送给她一些困难和挫折，让她明白"山外有山，人外有人"的道理，从而压下浮躁的心，同时也磨练了她的意志和抗挫能力。

女孩远比我们想象得要坚强，作为父母，不妨试着去相信自己的女儿，在生活及学习中有意识地给她设置一些困难与障碍，让她学会面对，学会坚强，这不论对她的能力还是心态都是非常好的磨炼。

当然，在为女孩设置困难和障碍的时候，一定要注意把握分寸，既要能让女孩产生"受挫感"，却也不能过分打击女孩的自信，伤害女孩的自尊，以免适得其反。

◆ 细节 93：设置障碍要适度。

人的抗挫能力是逐步增长的。适度的挫折和障碍能够让女孩更加认清自己的能力，并激起奋发向上的决心和斗志；但如果挫折和障碍超过了女孩的承受范围，则可能会摧毁孩子的自信，甚至就此消沉下去。因此，父母在为女孩设置障碍的时候，一定要适度，千万不要伤害孩子的自尊和自信心。

就以徐燕燕来说，她从小到大都过得顺风顺水，人人交口称赞，因此抗挫能力必然不会太强。虽然她对下象棋有兴趣，并且对自己的棋艺也有一定的信心，但她最擅长也最骄傲的技能其实是绘画。徐燕燕的妈妈非常聪明，她选择从棋艺下手，以此来给女儿当头棒喝，让她明白这个世界上优秀的人大有人在，而同时又让女儿保留了她骄傲的资本——绘画，这样一来，既能起到激励女儿继续努力上进的作用，又不至于让女儿一次就被挫折吓怕。

◆ 细节94：设置障碍对象要明确。

设置障碍这种教育方法并不适用于所有的孩子，对于那些习惯了被众星捧月的孩子来说，适度的障碍可以压下他们骄傲自满的情绪，但对于那些本身就缺乏自信的孩子来说，困难和障碍却只会让他们变得越发胆怯自卑。因此，在给孩子设置障碍之前，父母一定要先了解自己孩子的性格特点，以免弄巧成拙。

◆ 细节95：鼓励女孩试着独自面对困难，解决问题。

我们给孩子设置困难和障碍，为的就是要磨炼孩子的心智，增强孩子的抗挫能力。所以，父母千万不能因不舍得孩子受委屈就立刻出手帮助孩子，而是应该试着鼓励孩子学会独自面对困难，解决问题，然后振作起来。如果孩子情绪反应过度，或一时之间无法走出，父母可以给予孩子一定的引导和激励，帮助孩子重新树立信心。

3. 跌倒了不哭，引导女孩在失败中吸取教训

因为学习成绩差，孩子忍受不了老师和家长的批评，最终离家出走；

成绩优异的优等生，因为一次考试成绩不理想，无法承受压力，选择跳楼自杀；

能力优秀的名牌大学毕业生，因为嫉妒同学比自己成功，冲动之下举起屠刀……

类似这样的一些消息，我们每天都能在网络或电视的新闻报道中看到。这些事情听上去似乎让人有些哭笑不得，明明不过是一些鸡毛蒜皮的小事，怎么偏偏仿佛激起了国仇家恨的反应一般？无数的人都感到困惑不已：这个社会到底怎么了？为什么人们的心会变得如此脆弱而易碎，一点点的刺激就能断绝生活的希望？

事实上，究其根本，人心易碎，不过是因为被宠溺得太多，被保护得太过严密，以至于缺少了独自面对失败与痛苦的勇敢和坚强，才会哪怕遭遇到一点点小小的伤害，也仿佛承受了天大的委屈一般，最终走上一条条的不归之路。

冯琳从小就是乖乖女、优等生，就读于市里一所有名的小学，由于学习成绩优异，冯琳从入学之后就一直在实验班，并且考试排名第一也已经成为"家常便饭"了。

萌萌是冯琳家隔壁的女孩，并且和冯琳还是同班同学，两人关系虽然说不上有多亲近，但大概因为两家就住隔壁，所以两个小女孩也常常

会被拿来作比较。和冯琳不同，萌萌是个有些调皮的女孩，不时还会做些出格的事，但她头脑非常灵活，学习成绩虽然不如冯琳那么稳定，但在班上也算是名列前茅的。

冯琳其实一直都不是很喜欢萌萌，一方面是因为循规蹈矩惯了的她对萌萌的"离经叛道"有些看不惯；而另一方面则是因为她内心隐隐约约是有些"嫉妒"萌萌的，当然，这些小心思她从来都没有告诉过别人。

有一次数学考试，冯琳考了98分，虽然丢掉的两分让冯琳有些心疼，但总体来说她还是比较满意的，毕竟这个分数确实不低。可没想到的是，这一次萌萌居然考了满分，而且是全年级唯一一个数学满分。这对冯琳来说简直犹如晴天霹雳，一直以来，她都觉得自己不如萌萌那么聪明，萌萌似乎并没有花多少心思在学习上，就能轻松取得还不错的成绩，而自己呢，虽然成绩比萌萌好，但她所付出的努力也是数倍之于萌萌的。

回家后，深受打击的冯琳把自己关在房间里，狠狠哭了一通，越想越觉得自己不争气，以后肯定赢不了萌萌，也考不上好的中学……

妈妈得知冯琳的想法之后，温柔地摸着她的头发说道："傻孩子，谁的人生能一帆风顺，永远得第一呢？人这一辈子，失败是在所难免的，对于坚强勇敢的人来说，失败是能够帮助他们变得更强大的磨炼，只有胆小怯懦的人才会畏惧失败，在失败中一蹶不振。再说了，即便你比萌萌聪明，你每次都能比萌萌考得好，你也会看到前面有比你更聪明，更厉害的人。重要的是，你能不能在每次失败之后都从中吸取教训，然后一步一步去超越跑在你前头的人，这样你才能越来越优秀，越来越进步。"

妈妈的话让冯琳豁然开朗，之后，她更加努力地去学习，并且还常常找机会请教萌萌，学习她灵活多变的解题思路，成绩也有了更大的进步。

心思敏感的女孩大多都有自己的小心思，就像冯琳这样，对萌萌若有似无的嫉妒，以及藏在心里的争强好胜，都是她藏着的小心思，这些小心思就像柄双刃剑，既能鞭策她努力上进，也会在某些时候把她伤害得体无完肤。而冯琳的妈妈是非常聪明的，她在洞悉了女儿内心的想法之后，引导着她一步步走出了内心的桎梏，鼓励她从失败中勇敢地站了起来。

人生在世，谁都不可能成为"常胜将军"，总归会有需要面对挫折和失败的时候。跌倒并不可怕，真正可怕的，是跌倒了以后就再也没有站起来的勇气。而只要人生的旅途还在继续，那么哪怕我们跌倒一千次、一万次，只要还能再次站起来，振作起来，那便不算是彻底的失败。

"宝剑锋从磨砺出，梅花香自苦寒来"，任何人想要成功，都必须先学会承受失败。作为父母，为了女儿的未来，也应当压下内心的不舍得，在女孩跌倒时，鼓励她学着自己站起来，而不是伸手去扶。

◆ 细节 96：教会女孩正确看待失败。

失败本身便不是一件愉悦的事，但同时也是一件不可避免的事。当女孩遭遇失败时，哪怕这种失败在父母眼中不过是件不值一提的小事，父母也不应该置之不理，而是应当及时给予女孩帮助，教会女孩正确看待失败，面对失败。失败本身并不可怕，可怕的是我们面对失败时的态度。正所谓"滴水成河，聚沙成塔"，抗挫能力的养成并非一日之功，而是贯穿于孩子的整个成长过程的，父母应重视孩子成长中所遇到的每一件事，从生活中的点滴入手，让孩子学会如何正确地面对失败。

◆ **细节 97：及时疏导，帮助女孩理解失败。**

人是情绪动物，不管做什么事情都会受到情绪的影响。因此，父母应当重视女孩的情绪问题，尤其是在遭遇挫折和失败时，一定要及时帮助女孩疏导内心的不良情绪，教会女孩去理解失败，找到失败的原因和症结，从而在失败中吸取教训，重新站起来。

◆ **细节 98：鼓励女孩直面失败，战胜挫折。**

对于任何人来说，失败与挫折都是不可避免的，当女孩遭遇失败的时候，如果不能用积极乐观的态度去面对，那么必然很难重新振作起来，对人格的发展和完善也会产生不良影响。而要能够以积极乐观的态度去面对失败，最重要的一点就是勇气。父母要懂得给予女孩支持与鼓励，让女孩勇敢地直面失败，从而战胜失败，成长为一个坚强勇敢的人。

4. 勇往直前，帮助女孩甩开胆怯

只要留意观察，相信很多人都会发现，在我们周围，不少女孩都存在胆小、怯懦的现象，她们害怕与陌生人打交道，害怕独自一人到陌生的环境里，甚至连日常的一些交际都受到不同程度的影响。比如有的女孩在课堂上不敢举手，有的女孩买东西不好意思问店员价钱，还有的女孩甚至连问路都要踌躇许久……

女孩胆小、怯懦与天性的羞怯有一定关系，但更多的，其实还是在于父母的家庭教育。不少女孩在父母的宠爱之下，几乎没有经历过什么风吹雨打，习惯了养尊处优的安逸，习惯了万事都有父母挡在前头处理的呵护，久而久之，也就失去了勇敢的探索精神和冒险精神，把自己局限在了一个相对安全的"小天地"。

孙女士的女儿小洁是个乖巧懂事的女孩，从小就特别讨人喜欢。虽然女儿脾气好、性子柔让孙女士很省心，但女儿的胆小怯懦也一直让孙女士很是头疼。

在还不懂事的时候，小洁就是个特别认生的孩子，不管到哪里都喜欢粘着妈妈，那时候孙女士也并没有觉得有什么不妥当，反正女孩子家家的，害羞一些、胆小一些也很正常。但后来，随着年龄的增长，小洁的害羞内向却与日俱增，都已经上小学了，却连自己去商店买东西都要犹豫许久，有时候家里来客人更是能躲就躲，更别提什么在客人面前表演才艺之类的事情了。

有一天傍晚，吃完晚饭，孙女士带着小洁在楼下散步，遇到了同住一楼的邻居王女士，王女士也带着自家的女儿梦梦在散步。小洁和梦梦年纪差不多大，平时虽然不算熟悉，但也是抬头不见低头见的。王女士和孙女士打了个招呼之后，就招呼小洁和梦梦一块去玩，结果没想到，梦梦倒是大大方方地走了过来，小洁却怯生生地躲到了孙女士身后，还拉着孙女士的裙子挡住了发红的脸。

看着大方活泼的梦梦，再看看羞涩胆怯的小洁，孙女士真是愁死了，再这么下去，她真不知道以后小洁要怎么去面对这个复杂的社会啊！

小洁的胆怯与天性的害羞固然有一定关系，但如果孙女士能从小就多鼓励小洁勇敢地去结交朋友，去做些力所能及的事情，那么相信小洁也不至于会变成如今这个样子。正是因为孙女士没有引起重视，总认为女孩胆小害羞一些不是问题，事事都愿意挡在女儿前头，成为她的屏障，久而久之，让小洁习惯了生活于母亲的羽翼之下，一旦遇到事情，第一时间想到的不是如何去解决，而是躲在母亲身后。

勇敢的精神和刚强的意志都是需要一步步培养的，如果父母忽略了这一点，总是习惯于挺身而出，保护娇娇柔柔的女儿，那么必然会让女儿变得越来越胆怯，遇事畏首畏尾。很多时候，不少人之所以无法取得成功，往往不是因为缺乏智慧，而是因为缺少大步向前的勇气。

有人曾说，中国传统的教育方式就是在扼杀孩子的生命活力。这一说法虽然有些极端，但也并非是无迹可寻的。相信很多人都听过父母对孩子说类似"只要你把学习搞好了，其他的什么都不用你管"之类的话，在不少家庭中，为了保护孩子的安全，父母也都会给孩子下一些"禁令"，比如：不许玩火、不许动菜刀、不许动电、不许……然而，生活不会只有学习，那些千万个所谓的"不许"，往往也都是日常生活中最为常见的东西，不去动、不去想、不去碰，孩子又怎么能真正地学会生活，学会独立呢？

在很多发达国家，父母都会鼓励孩子去冒险，去探索，在尽可能保证他们安全的情况下，给予他们最大的自由，让他们自己去了解这个世界。不惧风险，才能有所突破；不惧辛劳，才能有所收获。这种教育方法是非常值得父母们借鉴的。

◆ **细节 99：发掘女孩内在潜力，帮助女孩树立信心。**

胆怯往往来源于自信的缺失，缺乏自信，自然底气不足，底气不足，当然就容易紧张、害怕。无论多么柔弱的女孩，必然都具有一定的潜力和优势，父母要做的，就是帮助女孩发现内在的潜力，帮助女孩树立信心，从而克服胆小、怯懦的心理，走出害羞的阴霾。

◆ 细节100：让女孩拥有一技之长。

通常来说，培养自信最直观也最有效的方式就是拥有一技之长。自信来源于肯定和赞美，而拥有一技之长的女孩，自然更容易从周围人口中得到肯定与赞美。所以，父母不妨用心观察，发现女孩的天赋，然后加以培养，让女孩拥有一技之长。比如书法、绘画、下棋、钢琴……无论拥有哪一项技能，必然都能帮助女孩从中找到自信心和成就感。

◆ 细节101：多鼓励，消除女孩的自卑感和紧张感。

对于胆怯的女孩来说，最让她们感到恐惧和紧张的，就是遭到外界的忽视或者歧视。不少胆怯的女孩心思都较为敏感，常常习惯把事情压在心里，不擅长表达自己的情绪。有的父母可能会以为，胆怯害羞的女孩不喜欢和外界沟通，于是在遇到事情的时候，通常也不会有去和她们沟通的心思。但事实上，每个人内心都是渴望得到重视和尊重的，即便是不擅长与人沟通的胆怯女孩，同样也渴望着得到父母的关注。父母越是忽略她们，就越是容易加重她们内心的自卑和彷徨。

所以，面对胆怯害羞的女孩，父母应当做的，是多给予她们鼓励和肯定，哪怕一时之间无法从她们那里获得回应，但可以肯定的是，父母的鼓励和肯定必然会给予她们莫大的安慰与勇气，让她们产生被认可、被接受的感觉，到那个时候，她们的自信自然也会逐渐增长，自卑感和紧张感也会逐渐消失。

5. 别怕，错误是成长的契机

　　人是在错误中成长起来的，唯有犯过错，才能从中吸取教训，获得成长。大多数父母都喜欢把自己的人生经验强加在孩子头上，强势地安排孩子的人生。父母总想着，要尽一切努力去帮孩子铺就更顺畅美好的将来，要想尽办法帮孩子少走弯路，让孩子少犯错误。可怜天下父母心，父母所努力做的这一切，诚然都是出自于一颗慈爱之心，殊不知，却恰恰正是这样的慈爱与保护，剥夺了孩子获得成长的契机。

　　好奇是人的天性，这一点在孩子身上总是体现得淋漓尽致，他们对这个世界充满好奇，他们总喜欢不停地去探索，去了解这个世界，而在探索的过程中，也不可避免地会犯错，会做不该做或不能做的事。这个世界上，有的错的确是不能犯的，犯下了就没有回头的机会；但有的错却是应该犯的，犯下了，才能够获得意想不到的收获。

　　孩子总是会犯错的，作为父母，当孩子犯下错误时，与其苛责，倒不如和孩子一起，在错误中找到成长的契机，在错误中收获更多的东西。

　　赵欣从小就调皮捣蛋，一点儿女孩样子都没有，像个"假小子"一样，不管什么时候似乎都有着无穷无尽的精力，一天到晚不给父母添点儿堵就浑身不舒服。

　　一个周末，赵欣铆足了劲儿赶紧写完作业，正打算扛着自己的小工具去公园的沙滩上玩，结果不想，还没出门就下起了大雨。虽然赵欣不介意雨里泥里滚一遭，但爸爸妈妈担心她淋雨生病，自然是不可能再让她出门的了，无奈之下，赵欣只得悻悻地放下一堆小工具，无聊地趴在窗口看外头的雨。

就在赵欣百无聊赖的时候，一扭头突然看到妈妈去厨房洗米煮饭，赵欣顿时有了主意，想到了一个可以在房间玩"沙子"的好办法。于是趁着妈妈不注意的时候，赵欣偷偷摸摸溜到了厨房里，提着自己的小塑料桶，从米袋子里掏出不少米装进去，然后麻利地溜回房间，把门关上了。赵欣把米倒在地上，自制了一小片"沙滩"，踩在上面走来走去，玩得不亦乐乎。

妈妈很快就发现了赵欣干的混账事，看着地上被她糟蹋的大米皱紧了眉头。但令人意外的是，妈妈并没有责骂赵欣，而是温和地对她说道："欣欣，妈妈知道你不能去玩沙子，心里是很不开心的，但你前几天感冒才刚刚好，要是出去淋了雨再生病，那又得打针吃药，这样爸爸妈妈担心，你自己也难受，多不好呀！如果你是因为和爸爸妈妈赌气，所以才把大米拿来踩着玩，那你要想想，这些大米都是农民伯伯辛辛苦苦种出来，爸爸妈妈再赚钱买回来的，这样糟蹋是不是很可惜呢？你以前给妈妈背过的那首诗还记得吗？'锄禾日当午，汗滴禾下土。谁知盘中餐，粒粒皆辛苦。'"

听到妈妈的话，赵欣惭愧地低下了头，低声说道："妈妈，我错了，我以后再也不会浪费粮食了。"

见女儿认错，妈妈温柔地摸了摸她的头发，笑道："不过我们家欣欣倒是很有创造力，还能想到可以这么玩。虽然不能浪费粮食，不过你瞧，家里有许多不要的塑料瓶子、废纸片什么的，不如欣欣再开动一下脑筋，怎么把它们物尽其用，变成好玩的玩意儿好不好呀？"

听到这话，原本有些低落的赵欣顿时又来了精神，用力地点点头，开开心心去倒腾她的新玩具了。

赵欣的妈妈非常聪明，在发现女儿浪费粮食之后，并没有愤怒地责骂她，而是循循善诱让她发现自己的错误。更重要的是，赵欣的妈妈还能从女儿的错误行为中发现到了她值得肯定的优点，并引导着她学会如何正确发挥自己的特长，让她在知错的同时也有了新的发挥方向。

作为孩子最重要的人生导师，父母在发现孩子犯错时，一味的责骂是没有任何帮助的，倒不如冷静下来，理性地帮助孩子分析犯错原因，引导孩子在错误中吸取教训，找到成长的契机。

◆ 细节102：了解孩子犯错的原因。

俗话说："人非圣贤，孰能无过。"即便是成年人，在日常生活和工作中也不可能保证绝不犯错，更何况是涉世不深，心智还未发展成熟的孩子呢。所以，当孩子犯错时，父母不要只一味苛责孩子，而是应该站在孩子的角度去理解孩子，帮助孩子分析犯错的原因。

◆ 细节103：肯定孩子的优势，帮助孩子重建信心。

犯错本身并不可怕，真正可怕的是在犯错之后是否能够学会反省，并从错误的阴影之中走出来。很多孩子在犯错之后，其实都是非常恐慌的，这个时候父母如果再对孩子加以责骂，往往可能起到反效果，触发孩子的叛逆心理，或加重孩子的愧疚，让孩子意志消沉。想要真正帮助孩子，除了晓之以理，让孩子学会自我反省之外，父母还应当适当地对孩子予以肯定，从而帮助孩子在挫败和自责中重树信心，驱散错误的阴霾，走出自责的泥潭。

◆ **细节104：鼓励孩子勇敢面对，积极尝试。**

中国有句俗语："一朝被蛇咬，十年怕井绳。"人在探索的道路上难免会有出错的时候，如果不能调整好心态来面对错误，那么错误的阴影可能会一直悬在心头，让人从此望而却步，不敢再轻易冒险，轻易尝试。要知道，成功是在无数失败的经验下堆砌出来的，当我们因犯错而退却的时候，实际上也从此放弃了通向成功的可能。

所以，在孩子犯错时，父母除了要帮助孩子明辨是非之外，还应当及时地鼓励孩子，告诉他们，犯错与失败都不可怕，只要能从中有所收获，便是宝贵的经历。尝试未必能够获得成功但如果连尝试都不敢，那就只能注定永远平庸了。

6. 走出悲观的泥淖，才能绽放美丽的青春

思维心理学专家史力民博士说过这样一句话："乐观是成功的一大要诀。"

确实如此，通往成功的道路上遍布陷阱与荆棘，唯有拥有无数失败中提炼出来的经验与智慧，我们才能开启成功的大门。而在这个过程中，只有心态乐观的人，才能一次次从失败中站起，一次次勇敢直面挫折。

而那些悲观者，除了哀叹一句："生命就这么无奈，努力也是徒然。"大约也便再不会有什么作为了。

所以，每个父母都应该注意从小就培养孩子积极乐观的生活态度，帮助孩子走出悲伤的泥淖，由此才能绽放美丽的青春，迎来光明的未来。

乐观者与悲观者面对同样的事情时，所看到和想到的东西也是截然不同的。就像面对满园盛放的玫瑰，乐观者看到的便是每枝刺上鲜花的灿烂；而悲观者则往往只会盯着每朵花下危险的尖刺。眼中是鲜花的人，为了采摘鲜花自然不畏刺的伤害；而眼中只有刺的人，即便倾慕盛放的花朵，也必然畏首畏尾，时时告诫自己，那花下头有着厉害的刺。

一个人性格究竟是乐观还是悲观，与先天的遗传是有一定关系的，但值得庆幸的是，年幼的孩子就如同陶土一般，他们的性格是可以通过后天培养塑形的。在早期诱发理论中，有关专家就曾经提到过，性格是可以通过后天环境的培养和改造的。也就是说，一个天性乐观的孩子，在后天的遭遇中，也是可能从此变得容易悲观失望的；同理，一个天性悲观的孩子，只要细心培养教导，便也是能够走出悲观，以积极阳光的心态来面对生活的。关键就在于，父母是否用对了方法，来帮助孩子培养积极乐观的心态。

◆ **细节 105：适当引导，让孩子走出困境。**

每个孩子都会遇到不顺心的事情，不管他天性有多么乐观，在陷入困境的时候，必然也会产生不良情绪。作为父母，应当多留意孩子的情绪变化，当发现孩子情绪异常时，应及时与孩子进行交流沟通，了解孩子的情况。别总以工作忙为借口，相比孩子的未来和健康，一切"忙"

其实都不重要。

孟娇今年 6 岁，刚上一年级。平日里孟娇是个活泼又开朗的女孩，几乎没见她有过什么烦恼，正是"少年不识愁滋味"的年纪。但有一天，妈妈去接孟娇放学回家的时候，却发现孟娇有些不对劲，一副闷闷不乐的样子，话也不像往常那么多了。

"娇娇，今天学校发生了什么特别的事情呀？"妈妈关切地问着，心里也一直在猜测，女儿到底遇到了什么事情。

听到妈妈的问话，孟娇委屈地扁了嘴，含含糊糊地说道："今天班上新转来一个同学，叫王笑笑，好像大家都挺喜欢她的……"

看着女儿有些落寞的神情，妈妈疑惑地问道："那不是很好吗？以后你又可以多认识一个新朋友了！"

孟娇嘟嘟囔囔地说道："可是原本和我一块玩的陈琳、张雯、温雅她们也都很喜欢王笑笑，还总是和她一块玩，以前她们明明最喜欢和我一块玩的！"

妈妈想了想，笑着说道："既然这样，那你也和王笑笑一块玩怎么样？这样就可以大家都在一起玩了，为什么非得分个高低长短呢，是不是？"

孟娇想了想妈妈的话，点了点头，脸上这才绽放灿烂的笑容。

在日常生活中，父母一定要重视孩子的情绪变化，尤其是性格内向的孩子，往往喜欢把事情藏在心里，容易思虑过多，如果父母不能及时发现并帮助孩子排解压抑在内心的不良情绪，久而久之，孩子很可能会陷入悲观中无法自拔，这对孩子未来的发展和健康都是极其不利的。

◆ 细节 106：学会放手，别总"抑制"孩子。

孩子成长的过程其实也是一个不断走向独立的过程，在这个过程中，随着年龄的日渐增长，孩子对自由的渴望也会日益增强。因此，很多孩子的不快乐，实际上都来源于父母的限制与管束，觉得自己没有自由。尤其是在一些独生子女家庭，由于家里只有一个孩子，父母往往更容易在其身上投入过多的关注，总是小心翼翼，生怕孩子出一丁点儿问题。

或许不少父母认为，自己事事都帮孩子考虑周全，替孩子遮风挡雨，这完全是为了孩子好，孩子应该觉得高兴、满足。但事实上，人在不同的年龄总会有不同的渴求，如果这种渴求长期无法得到满足，那么人是很难快乐起来的。比如两三岁的孩子会渴求自己选择想吃的食物；五六岁的孩子会渴求挑选自己喜爱的玩具；七八岁的孩子会渴求选择自己喜欢的电视节目……

快乐来自于欲望的满足，因此，父母想要让孩子变得积极乐观，就要懂得在一定程度内满足孩子的渴求，让他们拥有选择并处理自己力所能及事情的权利。

◆ 细节 107：希望教育，让孩子乐观起来。

乐观者与悲观者最大的区别就在于，不管遇到什么事情，乐观者内心总是存在希望，而悲观者却总是看到绝望。因此，想要让孩子养成乐观的性格，父母应从小就重视孩子的"希望教育"，教会孩子不管遇到什么事情，都尽量往好的方面想，当这种思维方式形成之后，自然能够帮助孩子驱散心中悲观的阴影，点亮未来的希望，从而让孩子找到乐观的方向。

要知道，一个无法乐观面对生活的孩子，在遇到事情时，往往容易意志消沉，对未来丧失信心，甚至因忧思过重而造成身体的负担。而一个积极乐观的孩子，哪怕跌落深渊，只要精气神还在，就永远不会失去成功的可能。

Chapter7 奖罚双管齐下，督导女孩学会自控

　　自我控制能力是非常重要的能力，父母不可能永远陪在孩子身边，将来不管是上学还是工作，孩子总要离开父母，就像雏鹰离开巢穴一样。独立生活的时候，自我控制能力是最重要的能力执行，如果没有自我控制能力，那么工作和学习就会变得缺少执行力，缺少主观动力，造成拖延等情况的发生，甚至是让自己的生活变得一塌糊涂。

1. 女孩子，必须学会自我管理

有人养孩子养得特别辛苦，除了担忧孩子的吃穿住行之外，还得投入大量的时间来盯着孩子做这做那，但凡有半分松懈，似乎一切事情就都难以正常运行了；有人养孩子却养得十分轻松，似乎只要有个计划章程，就能高枕无忧地忙碌自己的事，哪怕一时之间有所疏忽，孩子也能自己把事情安排得妥妥当当。

为人父母，自然谁都期望能轻轻松松就把孩子养好，但真正要达成这个效果，也不是件容易的事。说到底，这主要还是因为大多数父母都不舍得放手的缘故，总想着一手包办了所有与孩子有关的事情。但其实，即便你现在能事无巨细地帮孩子安排好一切，管理好一切，孩子也终究会有长大独立的一天，终究会有需要照顾自己，为自己奋斗的一天，如果你不趁着有时间有机会的时候，教会他们成长，教会他们安排管理自己生活的一切，那么等到他们需要独自去面对风雨时，又该如何是好呢？

别让爱成为孩子成长的羁绊，更别让爱成为阻挡孩子振翅高飞的囚笼。与其整天为孩子的琐事忙得脚不沾地，倒不如教导孩子学会自我管理，一旦孩子能够养成有计划且自觉做事的习惯，那么不仅能够让父母省许多心，而且对他们以后处理学习和生活中的事情也是大有裨益的。

小婵家庭条件比较富裕，从小就是父母的掌中宝，一直到读小学了，依然还是事事都依赖父母安排，自己也一直难以适应学校生活。

有一段时间，小婵的父母因为工作调动问题所以比较忙碌，很多事情都不能像从前那样事事为小婵安排好，结果就在那段时间，小婵的生活可谓状况百出，不是今天忘记带文具盒，就是明天忘记带课本，有的时候明明起床很早，又因为手忙脚乱不知道应该做什么而导致上课迟到……

看着状况频出的女儿，小婵的父母才终于意识到问题的严重性。在和众多妈妈取经之后，小婵的父母经过一番商量，想出一个法子，来改变小婵在生活上总是"一团糟"的情况。

妈妈和小婵进行了一番谈话，然后两人约定，一起制作了一个计划表，详尽列出每天必须要做的事情，包括早上几点起床，起床之后要干些什么，几点出门上学，回来之后几点完成家庭作业等等。此外，妈妈还在计划表每一条项目后头列出了一个分数栏，根据小婵完成任务的情况来进行打分，并且还详细地规定了，每周得分超过多少，就能获得相应的奖励。

没想到，这招效果还真好，仅仅用了不到两个月的时间，小婵的生活习惯就有了明显改善，更重要的是，现在即便爸爸妈妈工作都非常忙碌，小婵也能够有条不紊地安排自己的事情，解决生活中的不少问题了。

一张小小的计划表，真的会产生这样的"魔力"吗？其实，计划表不过只是一种辅助方式罢了，真正令小婵有了巨大转变的，是她自我管理能力的提升。

俗话说"从来只有千日做贼的，哪有千日防贼的"，话虽俗道理却不俗，你想管好一个人，即便每天 24 小时都盯着那个人，也总会有松懈打盹的时候，不可能样样顾得上。你要是真想让那个人好好去做事情，最好的方式绝不是自己去盯梢，而是想办法让他能够自己管理自己，自己约束自己。

父母教育孩子也是如此，你与其花费大量的时间和精力去想方设法地把孩子的事情安排得滴水不漏，倒不如用心一些，教导他学会自我管理，学会自己安排时间，安排事情，这才是真正一劳永逸的事情，也才真正是对孩子的未来有所帮助的举措。

◆ 细节 108：让孩子明白什么叫"无规矩不成方圆"。

要让孩子学会自我管理，首先就要让孩子明白规矩的重要性，只有孩子重视规矩，尊重规矩，也才可能按照规矩来进行自我管理。"无规矩不成方圆"，父母应充分利用日常生活中的细节，来给孩子灌输这样的理念和观点，让孩子明白，在这个社会上，规则总是无处不在的，而也正是因为有这些规则的束缚，这个社会才能实现正常、和谐的运转。

◆ 细节 109：教导孩子如何安排事情，做好事情。

很多孩子总是把事情做得"一团糟"，很大一个原因是他们不知道该如何着手，才能把事情做得井井有条。因此，想要让孩子学会自我管理，父母就必须要有耐心去教导孩子如何履行规则，如何安排事情，如何做好事情。只有掌握了正确而合理的做事方法，找到又快又好的做事规律，孩子才能真正一步步掌控自己的生活，提升自己的自理能力。

◆ **细节 110：制定计划后一定要严格遵守。**

对于孩子来说，提升自我管理能力最快也最有效的方式，无疑是制定一个计划表，并根据计划表上的安排去做事。有了计划表，孩子在安排事情的时候就不至于手足无措，只要能够严格按照计划去做事，事情自然也就能够顺顺当当，井然有序。但需要注意的是，一旦制定了计划，在实施时便不能轻易变动，只有孩子学会重视规则，尊重计划，这份计划表也才能真正发挥出应有的效用。

◆ **细节 111：培养孩子的自律精神。**

说到底，自我管理能力的一大要素就是自律精神，一个没有自律精神的人，是很难约束自己，克制自己来遵守规则的。因此，父母不妨和孩子一起，试着为家庭制定一些公共准则，比如进房间要敲门，回到家要洗手，说错话或做错事要主动道歉，看电视不能超过晚上几点等等。此外，在规则制定之后，还得制定相应的奖惩措施，以此来让孩子养成尊重规则的好习惯，从而培养自律精神。

2. 能自控的女孩，才能抵挡诸多诱惑

我们常常会提到"自控"一词，无论在生活中还是工作上，自控能力都是人综合能力中的一个重要体现。对于孩子来说同样如此，自控力的作用在他们的成长生涯中更是有着非常重要的影响。女孩更是如此，

相对而言，在成长过程中，女孩所面临的诱惑和危险通常比男孩要多得多，而只有懂得控制自己欲望的人，才可能抵挡得住生活的重重诱惑。所以，为人父母，培养女孩的自控能力是义不容辞的且万分重要的事情。

但在现实生活中，不少父母却总是因为慈爱和不舍，将家里的女孩纵容成了自私任性，毫无自控能力的人，恨不得倾尽一切去满足女孩的欲望，哪怕那些欲望很多都是不合理甚至超出了家庭承受力的。每每有人提出异议，妈妈们或许还会反驳说："孩子还小，不懂事，应该让着些，想要就给她吧！""还小"、"不懂事"、"让着"……殊不知，恰恰正是这些以"爱"为由的纵容，将女孩推向了万劫不复的深渊。

卢珍珍因贪污公款走进监狱的时候，才二十岁出头，不过还是个花一般年轻懵懂的女孩。她的事情被爆出来的时候，很多人都不敢相信，她家境还算不错，说不上大富大贵，但也远比一般家庭要富裕得多，刚毕业家里就给凑了首付买了房，工作不到一年就贷款买了二十几万的车，谁都想不明白，这样的她怎么还能贪心不足地把手伸向不该碰的钱呢？

有人好奇地问过卢珍珍这个问题，她腼腆又羞愧地回答说："我就是喜欢买名牌包包，每次看到有新款就走不动道了。一开始是刷信用卡买，后来好几张卡接连刷，再后来卡账欠了不少，再后来……就这样了……"

不少认识卢珍珍，或者曾经和她是同学的人都说，卢珍珍这是被宠坏了，总以为拿点钱也不是什么大事。因为家境一直比较富裕，所以卢珍珍从小没有吃过什么苦头，一直是被父母捧在手心的掌上明珠。从小卢珍珍不管想要什么，父母都会想尽办法帮她实现。据她的一位小学同学透露，那个时候，卢珍珍光是书包就有十多个，还都是同一系列不同图案的，更别说什么橡皮擦、原子笔、尺子、本子之类的东西了。除了这些物质上的东西之外，就连学校艺术节排演话剧，卢珍珍说想演女主角，她妈妈都会仗着和班主任有交情来横插一手，实现卢珍珍的"愿望"。

正是因为从小到大，卢珍珍几乎就没有实现不了的"愿望"，于是现在，她才会"自然而然"地去拿自己想要的东西，却从来不曾考虑过可能会承受的后果。

在这个社会上，像卢珍珍这样的例子数不胜数，很多人可能都无法理解，仅仅只是为了"买名牌包"这样的理由，怎么就能冲动地做出违法的事情呢？其实，这归根究底，还是自控能力缺失的表现。

人都有欲望，也都会有因为无法抵御欲望而做出危险事情的时候，不同的是，自控能力强的人很少会有欲望能够驱使他做出不明智的行为，而自控能力弱的人则往往可能因为一些蝇头小利就忍不住犯蠢。比如卢珍珍就是典型的自控能力弱的一类人，她贪污公款，不是为了救命也不是为了夺权，仅仅只是想满足自己买名牌的欲望罢了。

所以，父母不能因为宠爱孩子就总是有求必应，而是应该认真审视孩子的要求，满足孩子合理的欲望，但对于那些不合理的，则应该坚决说"不"。只有那些懂得自控的女孩，才能抵挡来自各个方面的诱惑，也才能真正做到自尊、自重、自爱。

◆ **细节 112：在生活中要时刻注意训练女孩的自控能力。**

任何一种习惯都是经过日积月累，在一点一滴的细节中渗透之后而形成的，自控能力的培养也不外如此。父母想要提升女孩的自控力，不妨从日常生活着手，帮助女孩设置一些规定，并让女孩学会自觉去遵守。

比如每天几点起床，每天需要背诵多少个英语单词之类的，在女孩遵循规定行动的时候，其实就是在不断提升自己的自控能力。

◆ **细节 113：赋予女孩信任，鼓励她遵守约定。**

父母为女孩设置规定或者作出安排，最主要的目的还是在于让女孩学会自觉遵守规定，实现自我监督，自我约束，从而提升自控能力。因此，在给女儿定好规矩和计划之后，父母应当做的，是赋予女孩信任，动之以情，晓之以理，鼓励女孩自觉自愿地去遵守规定，和自己的欲望及惰性作斗争，而不是自己去事事盯梢催促，否则就失去了原本的意义。

◆ **细节 114：引导女孩在限定范围内做出选择。**

自控力的一个典型体现就是舍弃，人总是会有各种各样的欲望，有的欲望是通过努力可以实现的，有的欲望则可能会害我们坠入无底深渊，而能够自控的人，必定是懂得审时度势，舍弃那些"性价比低"的欲望的人。因此，父母不妨从小就试着引导女孩在一定范围内学会选择和舍弃，比如可以让女孩选择周末是去游泳还是去爬山，午饭是吃汉堡还是吃面条等等，帮助女孩逐渐建立起适当的选择意识，也让女孩明白鱼和熊掌不可兼得的道理。

◆ **细节 115：适当延迟满足女孩的愿望。**

当女孩提出自己的愿望时，如果父母总是立刻便予以满足，那么很容易便会给女儿造成一种错觉，以为这一切都是理所当然的，只要是自己想要的东西自己就应该得到，甚至变得性格急躁。相反，如果每次当女孩提出自己的愿望时，父母能够延迟满足女孩的愿望，让女孩有一段等待的时间，那么在一定程度上也能让女孩学会克制。当然，需要注意的是，既然是延迟满足而不是直接拒绝，那父母就应当选择一种较为温和，容易被孩子接受的拖延方式，以免适得其反，伤害孩子的自尊心。

3. 关注点滴细节，培养女孩情绪约束力

一位有名的教育学家说过这样一句话："（在教育孩子方面）我不在乎他学到多少知识，相比较而言，我更希望他能学会驾驭好自己的情绪。"

确实，一个孩子，无论多么聪明，多么优秀，拥有多么强大的能力，如果不能控制自己的情绪，那么是很难做成什么大事业的。况且，大喜大悲，情绪起伏过大，对身体和心理的发展及稳定也是非常不利的。尤其是那些尚且处于生长发育中的孩子，因为中枢神经系统还没发展完全，传递神经行动容易泛化，因此对情绪的调节、控制能力表现得也就更弱一些。

想必父母们应该都不希望自己的孩子成为一个情绪特别容易波动，难以控制自己脾气的人吧。而造成孩子情绪起伏大，动辄发脾气的原因则非常多，比如年幼时期不受重视，甚至遭受家庭暴力，或者被父母过分溺爱等等，都是造成孩子情绪不稳定的因素。而作为父母，能够做的，也就是尽力帮助孩子克服这些坏习惯，以免孩子日后在生活中处处因为

自己的情绪问题而受挫。

娇生惯养的果果从小就是个脾气火爆的"小千金"，一点点事情就能引得她大发雷霆，就跟火山爆发似的。而且果果在发脾气的时候还有个特别不好的习惯，那就是喜欢乱摔东西，虽然妈妈苦口婆心地和她讲了许多次道理，但每次这脾气一上来，果果依然没法子控制自己。正因为这样，所以虽然果果聪明可爱，却始终交不到可以长久相处的朋友。

一开始，妈妈总觉得果果是因为年纪小不懂事，所以才会控制不了自己的脾气，等以后长大些就好了。可后来，直到小学快毕业了，果果的脾气也没有任何改善，反而越来越坏，这才引起了妈妈的重视。

为了帮助果果改掉她的坏脾气，妈妈找来了一小袋图钉和一块长条形的小木板，然后告诉果果说："以后，你每发一次脾气，就钉一颗小图钉在这块木板上。"

虽然不知道妈妈为什么要这样，但果果觉得似乎挺有意思的，于是就答应了。刚开始的第一个星期里，果果就在小木板上钉下了12颗图钉。看着木板上的图钉，果果也觉得自己发脾气的次数似乎太多了，感觉怪不好意思的，并决心要克制自己的脾气。

后来，第二个星期，果果在木板上一共钉下了8颗图钉；第三个星期6颗；第四个星期竟只有3颗……

持续了两个多月后，小木块上的图钉都已经钉满了，妈妈便对她说："这样，我们来换一个方式，以后你每次心里不高兴，但控制住自己没发脾气，就把木板上的图钉拔除一颗。"

之后，又花了好几个月，果果总算是把木板上的图钉都给拔完了，于是便高高兴兴地拿着木板去给妈妈看。妈妈笑着对她说道："果果，你做得非常好，但是你看，虽然这块木板上的图钉都拔完了，但是上面图钉留下的洞却再也无法恢复如初了。这就好像你对别人乱发脾气一样，你发完脾气，事情了结了，但你给别人内心造成的伤害，却会像木板上的洞一样，始终留下疤痕。"

听了妈妈的话，果果惭愧地低下了头，也深刻反省了自己的毛病。之后，果果的脾气也变得越来越好，再也不会乱发脾气乱摔东西了，她身边的朋友也变得越来越多。

圣雄甘地曾说过这样一句话："从苦难的经历中，我得出一条至高的经验，那就是要控制我的愤怒。"愤怒的情绪是伤人害己的，不仅会对别人造成伤害，同时对自己的身体健康也有着不良影响。一个无法控制自己情绪的人，在人际交往中是很难得到别人喜欢的，就像喜欢乱发脾气的果果，哪怕她可爱又优秀，但就这难以控制的坏脾气，就能让人敬而远之了。

人的脾气固然与性格有关，但情绪的控制却是后天培养出来的一种行为习惯。脾气温和的人并不代表就能很好地控制自己的情绪，而脾气暴躁的人也不意味着就总会让自己失控。那么，在孩子的成长过程中，父母应该如何做，才能帮助孩子学会如何约束并控制自己的情绪呢？

◆ 细节 116：孩子发脾气时，父母一定要保持冷静

虽然乱发脾气的孩子着实可恶，但面对正在发脾气的孩子，父母一定要懂得控制情绪，先让自己冷静下来，否则很容易造成"针尖对麦芒"的状况，最后不仅问题解决不了，还让彼此都感到不痛快。

要知道，想要理直气壮地教训一个人，首先你就得找到道德制高点，

这样教训人才有底气和说服力。比如你脾气暴躁，那你再去指责别人脾气暴躁就很没有立场了。所以，父母想要让孩子认识到自己情绪控制方面的不足，首先自己得控制好情绪，这样说出来的话才令人信服，也才有足够的权威。

◆ 细节 117：及时帮助孩子疏导不良情绪。

情绪就像流水一样，只能疏不能堵。许多孩子不习惯或不喜欢表露自己的情绪，不管遇到高兴的还是悲伤的事，往往都喜欢自己藏在心里，这就好像是在心里筑起一道大坝一样，虽然一时之间可以抵挡住情绪的外泄，但当情绪累积到一定程度，"大坝"再也拦截不住的时候，那么必然会引来一场濒临崩溃的情绪大爆发。

所以，父母应当多多关注孩子的情绪问题，及时帮助并引导孩子疏导内心的情绪。要知道，所谓情绪控制或情绪约束，最终的目的都是找到一个合适的方式和渠道来排解情绪，而不是让我们把情绪埋在心底。

◆ 细节 118：转换思维，教会孩子转移过激情绪。

当孩子处于情绪剧烈爆发的状态时，父母可以通过转移孩子注意力和思维的方式来帮助孩子暂时把过激的情绪转移，然后再想办法来进行情绪疏导。比如可以暂时地转移正在谈的话题，或者用一些别的东西来引起孩子注意等等。

◆ 细节 119：细节入手，提升孩子的情绪约束力。

高尔基说过这样一句话："哪怕是对自己小小的克制，也会使人变得坚强。"所以，父母不妨从生活的细节入手，一点点来磨炼孩子的耐性和对情绪的掌控力。父母可以让孩子去做一些需要耐性的事情，比如剪纸、煮饭、拼图等等。或者让孩子有意识地学会等待一些东西，比如提前告知孩子开饭时间，提前告知孩子出游计划等等。让孩子在等待中学会控制并排解自己的焦躁情绪，从而一点点提升情绪约束力。

4. 不要一味满足，培养女孩节制能力

每位父母都不会愿意自家的女儿以后成为一个好吃懒做、游手好闲、沉迷物质享受的人，但在教育孩子的过程中，许多父母所做的事情，却又恰恰把女孩推入了这个深渊。当然，这并非出自于父母的本愿，但人生许多事情都是祸福相依的，即便是父母给予孩子的爱，也是过犹不及的。

父母对孩子的爱是深沉的，面对着眼前这个有着自己血脉传承的粉雕玉琢的小女孩，天下间又有多少父母忍心让她有丝毫的悲伤呢？如果可以，大概每个父母都是渴望能将自己的孩子捧在手心里呵护一生的吧。但我们也知道，孩子终究会长大，父母终究会老去，父母不可能为孩子保驾护航一生。既然如此，那么为了孩子长远的未来考虑，父母又怎能不努力节制一下自己的慈爱之心，好让孩子得到更好的成长呢？

付玲玲是学校里的"小明星"，但她的出名却并不是因为优异的学习成绩或过人的智慧才能，而是因为她几乎每天都要换一套不同的衣服，

而且还要按照星期几来选择自己背什么款式、颜色的书包，班上的同学在背后还给她取了个绰号——"小败家"。

付玲玲家境非常优越，父亲是个商人，因为忙于做生意，所以大部分时间都不在家，大概也正是因为这样，所以付玲玲的爸爸在经济方面对她十分宽松，几乎是有求必应，而付玲玲的妈妈又是个性子和软的人，即便有时候批评付玲玲两句也都是不痛不痒的，这才养成了付玲玲这样不懂节制，大手大脚的习惯。

有一阵子，生意上的事情告一段落，爸爸得以有些时间在家陪女儿。一天下午，爸爸去接付玲玲放学的时候，远远看到付玲玲和一个女同学一块走出校门，两人一边吃着小零食一边说话。这时，付玲玲一个不小心，把零食上的酱汁弄到了自己手腕上挂着的零钱包上了，付玲玲赶紧掏出纸来擦，但却似乎没能擦干净，于是付玲玲把零钱包里的零钱掏出来后，随手就把那个零钱包给丢了。爸爸认识那个零钱包，那是上个月他才刚给付玲玲买的，花了两百多块，虽然不是什么大钱，但女儿这种浪费的行为还是引起了爸爸的警惕。

回家之后，爸爸思前想后，决定拿出法子治治付玲玲这浪费的毛病。于是，暑假期间，爸爸狠了狠心，找借口把付玲玲送回了农村老家，让她在村里的二叔家里待一阵子。

一个月后，爸爸把付玲玲从农村接回了家，原本他以为付玲玲免不了大哭大闹一场，但没想到的是，付玲玲不仅没哭没闹，反而神采奕奕，回到家以后，还忙着把自己以前不穿的衣服文具什么的都拿了出来，装箱打包。

经过询问，爸爸才知道，原来付玲玲打算把这些东西都打包起来，寄给村子里的学校，捐给那些贫穷的孩子，让他们也有新衣服可以穿，有文具可以用……

看着如今懂事的女儿，爸爸感到非常欣慰，也庆幸自己将她送去体验了一把生活的艰辛。

俗话说："人无千日好，花无百日红。"个人的富贵更是犹如浮云一般，今天你可以挥金如土，却不知明日是否会食不果腹。付玲玲的爸爸是个很有远见的人，因为心疼女儿，所以他从不在物质方面委屈女儿，但当他发现女儿不知不觉已经养成了挥霍浪费的习惯之后，便立刻改变了教育方针。不管是惯着女儿还是狠心将她送去"体验生活"，无一不是出自于深沉的父爱。

父母爱孩子最好的方式，不是一味的疼宠，更不是毫无节制的满足，而是让孩子获得更好的成长，成为更好的人，这才是最理智也最宝贵的爱。

◆ **细节 120：多让女孩分担家庭事务。**

长期生活在过分安逸的环境中，会让女孩变得"不识生活疾苦"，不懂节制自己的欲望，想要什么都只会伸手，却不懂付出。年幼时候，有父母的庇护，女孩自然能够养尊处优，但长此以往，等以后需要独立面对风雨，为生活奔波的时候，又有谁能再来满足女孩的欲望呢？

所以，父母不能因为心疼就什么都不让女孩做，而是应该考虑适当地分配给女孩一些家庭事务，只要是力所能及的事情即可，这样做的目的是为了让女孩明白，人生有付出才会有收获，想要什么东西都必须付出相应的努力。

◆ **细节 121: 让女孩了解家庭收支状况。**

很多父母都不会过早地让女孩了解家庭的收支状况，在父母看来，这种事情女孩也帮不上忙，说了她也未必懂，根本没有必要让她接触到。但实际上，恰恰正是这种心态，养成了女孩不劳而获的心理。很多时候，正是因为不清楚自己的一切究竟是怎么得来的，才会让女孩毫无负担地向父母提要求，也无法理解父母的难处。

所以，父母不妨让女孩多了解一下家庭的收支状况，让她知道，自己的一切并不是毫不费力从天而降的，而是需要付出努力去耕耘得到的，只有让女孩深刻地理解了这一点，才能让她懂得反思，为自己"衣来伸手，饭来张口"的行为感到羞愧。

◆ **细节 122: 告诉女孩，什么才是真实的生活。**

生活是美好的，但也是残酷的，许多父母为了保护女孩，往往只会让女孩看到生活美好的一面，而帮她隔绝残酷的一面。这样的过度保护对女孩的成长其实是毫无益处的，只会让女孩活在美好的虚妄之中，让女孩成为经不起风浪的"玻璃娃娃"。要知道，生活离不开柴米油盐，硬生生把女孩养成"小天仙"，那日后恐怕她也就只能"餐风饮露"了。所以，父母没必要在女孩面前过多地美化生活，而是应该想办法让女孩在了解生活的真实面目之后，依然可以勇敢、热忱地面对人生。

◆ **细节 123: 不要给女孩买过量的东西。**

大部分父母在物质方面对女儿都是较为宽容的，恨不得把所有漂亮的好东西都捧到女儿面前。但其实，成长阶段的孩子实际上是分不清哪些东西是必需品，哪些东西是非必需品的，常常是父母给什么就接受什么。长此以往，如果父母总是给予女孩过量的东西，那么女孩便会自然而然地把这当成一种习惯，自然也就不会节制自己的欲望了。所以，父母不要总是一味满足女孩，给予女孩过量的东西，这对女孩的成长是有百害而无一利。

5. 做好时间管理，坚决不当"拖沓女"

拖沓的习惯对一个人的工作和生活都会产生不容小觑的影响，如果一个女孩做事总是拖拖沓沓，那么必然会导致工作效率低下，在生活中也常常会影响到别人，很难得到家人的体贴和理解……所以，父母应该从小就教会女孩做好时间管理，帮助女孩养成做事麻利、珍惜时间的好习惯，这不仅对女孩的成长大有帮助，对她们未来的生活和工作同样也大有裨益。

小菁家离学校只有5分钟的路程，但她上学却常常迟到，主要原因就是她有个坏习惯——拖沓。

每天早上，妈妈都会一边做早餐一边叫小菁起床，每次听到妈妈的声音，小菁虽然嘴上回答着："知道了，马上起来。"但实际上却总是要在床上翻滚许久，这才慢悠悠、迷迷糊糊地起来穿衣服，系扣子。

每次看着小菁慢腾腾的动作，妈妈都会急切地催促她："快一点，马上要迟到了，还有半个小时就上课了，你还没洗脸……"

好不容易催促着小菁穿好衣服，洗漱完毕，小菁又开始在客厅不停地穿梭，妈妈又忍不住地催促："别转悠了，赶紧过来吃早餐……"

吃完早餐之后，妈妈又要催促着小菁整理书包，出门……就这样，一早上的时间过去了，小菁又迟到了。

在生活中，很多父母都有过小菁妈妈这样的经历，而这都是因为孩子拖沓的不良习惯造成的。孩子的拖沓行为究竟是怎样形成的呢？据研究表明，女孩子之所以会形成拖沓的习惯，与基因的遗传是没有关系的，也并非是因为孩子不够聪明，或者有什么疾病。拖沓的形成，主要是因为缺乏时间管理的意识。

在成长过程中，许多孩子总喜欢将希望寄托在明天，却忽视了今天的重要性。但事实上，我们真正能把握在手里的，不是昨天也不是明天，而是今天。因此，凡事都应该牢记今日事今日毕，明天还有明天的事情，如果总是把今天的事拖到明天才完成，那么明天的事就得拖到后天，长此以往，拖沓的习惯便形成了。

只要细心观察，我们就会发现，但凡能取得成功的人，都是支配时间的高手。她们知道什么时间应该做什么事，什么时间内必须完成什么事。正因为如此，这些女孩才能充分利用时间，在相同的时间内完成比别人更多的事。而那些做事拖沓的女孩则因为缺乏良好的时间观念，使得不管做什么事都只能"事倍功半"。

作为父母，一定要让女孩明白时间管理的重要性，杜绝女孩养成拖沓的不良习惯。在培养过程中，可以参考以下几点内容：

◆ **细节 124：做好时间管理，合理制订计划。**

想让女孩从小学会安排时间，避免养成拖沓习惯，就得让她们学会合理地制定学习或工作计划。在帮助女孩制定计划的时候，父母不可能考虑到每一个细节，以及一切可能产生影响的因素。制定计划时，可以先制定一个大体的概况，然后再在执行过程中，根据实际需要来进行修正和调整。

制定计划之后，最重要的就是执行。要让一个年幼的女孩坚持不懈地完成一件事情，并不是一件容易的事，而要做到这一点，还要靠父母的监督和鼓励。

孩子心性还不成熟，自制力也比成年人要弱一些，因此非常容易受到影响。要想强化孩子的执行力，父母是否能起到表率作用至关重要。

◆ **细节 125：劳逸结合，休息也是提高效率的一种方法。**

人的精力是有限的，长时间的劳动不仅不能提高工作效率，反而可能适得其反。据有关专家指出，为了保证正常的生长发育，处于成长期的女孩，每天的睡眠时间都应该保持在 10 ~ 12 个小时之间。

睡眠不足不仅会让女孩第二天精神萎靡，身心疲惫，从而影响办事效果，而且对女孩的身体健康也会造成不良影响，如果这种情况长时间持续下去，那么拖沓的坏习惯自然而然也就形成了。所以，想要避免女孩养成拖沓的习惯，父母就一定要保证女孩拥有足够的睡眠时间，要知道，休息也是提高效率的一种方法。

◆ **细节 126：拒绝拖沓，今日事今日毕。**

俗话说"时间就像海绵里的水，挤一挤总会有的"。想要让女孩学会珍惜时间，合理安排时间，父母就得教会女儿如何把生活中的零散时间充分利用起来。要知道，时间都是一分一秒积累起来的，不管做什么，都必须学会争分夺秒，这样才能不拖沓浪费时间。比如告诉女儿，在看报纸的时候，遇到精彩的内容，可以随手就记在纸上；在无所事事，坐着发呆的时候，可以拿起一本书来读；每次外出回来后，可以顺手将今天的所见所闻写下，有可能的话再加上自己的感触……无论何时，当女孩产生怠惰心理，不愿意把今天必须完成的事做完时，父母一定要引导女儿，教育女儿，让她明白今日事今日毕的道理，决不能养成拖沓的坏习惯。

6. 心细如尘，摆脱"马大哈"称号

细心是人们在日常生活和工作中必不可少的一种习惯，只有凡事都做到了细心，才可能真正做到明察秋毫、淡泊明志。尤其是女孩，心细如尘才能彰显气质与魅力，如果总是毛毛躁躁，粗心大意，那么必然会给以后的生活和工作造成极大困扰。

其实，女孩天生就比男孩要细心，这似乎是女孩与生俱来的一种天赋。在生活中，如果用心观察，我们就会发现，当不少男孩还在为写不好字而发愁时，不少女孩已经能写出一手令人夸赞的好字了，这主要就是因为女孩比男孩更有耐性，更心细。

既然如此，那么为什么在我们周围，依然存在不少粗心大意的"马大哈"女孩呢？难道她们不具备细心的天性？当然不是，细心的天性是每个女孩都具备的，但这种天性如果没有后天的培养，那也是不可能形成一种良好习惯的。

陈女士是个做事非常有条理的人，她有一个随身携带的笔记本，专门用来记录每天需要完成的工作，每做一件事情之前，她总是要在本子上做好详尽的计划。

从小，陈女士就为女儿悦悦也准备了一个笔记本，教会她如何有条理地记录，安排自己每天要做的事情。陈女士常常告诫女儿，做事一定要细心，要有计划性。在悦悦年龄稍大一些之后，陈女士便让悦悦逐渐地帮自己整理一些东西，为了训练悦悦做事细心的习惯，有时候陈女士还会假装忘记自己的东西放在哪里，然后再来请教悦悦。

在陈女士的教育之下，悦悦小小年纪就养成了做事有条理的好习惯，获得了大家的交口称赞。

好的习惯往往是通过后天的培养而得来的，不管天性如何，如果没有后天的精心呵护，那么再好的天性也会消失殆尽。因此，作为父母，在培养女孩的时候，一定要记得为女孩营造良好的环境，让她们与生俱来的优势得以延续。当女孩能够心细如发，无论做什么事都滴水不漏、井井有条的时候，她才算真正具备了成功的要素之一。

想要让女孩做到心细如尘，父母就要知道，究竟是哪些因素导致女孩形成粗心的坏习惯，然后尽可能避免这些因素对女孩的影响。有关专家对此作过研究，结果表明，导致女孩粗心的因素，主要包括气质因素、知觉习惯因素和兴趣爱好因素等。正是在这些因素的影响下，女孩才会逐渐磨灭细心的天性，变成大大咧咧的"马大哈"。

在现实生活中，粗心的习惯所造成的麻烦是难以想象的，粗心的女孩在做事时往往会冒冒失失，从不考虑后果，即便考虑事情也往往不能从全局出发；粗心的女孩认知能力往往比较欠缺，常常会采取"先斩后奏"的方式来处理事情，以至于造成无法弥补的遗憾。

相信任何一位父母，都希望自己的女儿成为一个心细如尘，心思灵动的姑娘，而不是一个粗心大意的"马大哈"。既然如此，那么，究竟要怎样做，才能杜绝女孩形成粗心大意的坏习惯，培养出人见人爱的"细心女"呢？

◆ 细节 127：注意细节，让女孩在生活中习惯"查缺补漏"。

习惯是在生活的细节中一点一滴养成的，因此要让女孩形成细心的习惯，首先就要让她们在平日的生活中做到有条不紊。在日常生活中，为了培养女孩做事有条理的习惯，父母可以适当地要求女孩去做一些事情，比如在起床洗漱之后，要求她们自己叠好被子、打扫房间；但凡是使用过的东西都要物归原处，以便以后能方便地找到；自己的书包要保持整洁干净；写作业的时候，为了保证"质量"，要学会进行检查，以便查缺补漏……而当女孩在做这些事情时，父母也要尽到监督、提醒的责任，并适时地给予女孩一些配合和鼓励。

此外，为了培养女孩的责任感，父母也要让女孩明白，自己是家庭中的一员，对家庭负有一定的责任。比如当全家一起外出之际，父母可以让女孩负责检查煤气、窗户是否关好等事宜。当女孩习惯自己承担这些事情之后，久而久之，自然也就能养成细心处事，有条有理的习惯了。

◆ **细节 128：为女孩创造一个不受干扰的做事环境。**

虽然女孩通常比男孩要更稳重，但毕竟年纪小，自制力和专注力自然也较差，如果周围有过多的干扰，那么女孩必定也会容易分心，导致注意力不集中，忽略掉某些重要的事情。所以说，要想让女孩形成做事专注的习惯，父母就要学会为女孩排除干扰，给女孩创造一个可以专心做事的好环境。

在生活中，很多父母却都不注意这一点，常常在孩子做作业看书的时候，自己在客厅看电视或打麻将，这其实已经对孩子造成了干扰，长此以往，对孩子专注力的培养是极为不利的。要知道，孩子是非常容易受到外界环境影响的，因此，当女孩在做事情的时候，父母应当尽量保证给女孩一个安静的环境，让女孩能够集中注意力，从而形成专注的习惯。

◆ **细节 129：别总把"马虎"、"粗心大意"挂在嘴边。**

正所谓人无完人，任何人都会犯错，又何况是年幼的女孩呢？当女儿因为马虎而做错事，父母千万不能给女孩乱贴标签，比如斥责女孩"粗心大意"、"马虎"等等，这样的说辞听得多了，久而久之，会让女孩不知不觉在心底认为自己就是一个粗心的人。

所以，当女儿做错事情时，父母一定要有耐心，教导女儿应该如何做才是对的，还要适当地给女儿一些鼓励，千万不能打压女孩的自信心。

只要做到这一切，相信你一定能把女儿培养成心细如尘、人见人爱的女孩。

Chapter 8 洞悉女孩心思，循循善诱解心结

　　女孩的心思总是敏感而细腻的，尤其是处于青春期的女孩，这一阶段，她们的心理变化最为活跃，也最需要找人倾诉。因此，当父母发现家里的女孩变得喜怒无常、难以捉摸时，别忙着给她贴上"不懂事"的标签，而是应当静下心来，倾听女孩的心声，理解女孩的烦恼。循循善诱，这样才能帮助女孩一步步解开心结，点亮灿烂的青春。

1. 那份萌动，与其死堵，不如去疏

对于家有女孩的父母来说，最怕听到的大概就是"早恋"两个字了，在父母看来，早恋简直堪称十恶不赦，大逆不道。不论是哪家的父母，一旦听到孩子和"恋爱"两个字扯上关系，大概都坐不住，恨不得把"引诱"孩子"学坏"的家伙抓起来严刑拷打一番！

但冷静地想一想，女孩心中那份有关青春的憧憬和萌动，真的罪无可恕吗？其实，早恋并没有那么可怕，它不过是女孩青春期一段酸酸甜甜的特殊旅程罢了，我们无需将它看做洪水猛兽一般，过于敏感地去对待，反而可能激起孩子的叛逆心理。那份藏于心中的萌动，与其死堵，不如疏解，让它悄无声息消融在青春的记忆里，成为岁月中的一道风景线。

苏青今年12岁，刚上初一，长得甜美可爱，学习成绩也很好，是名副其实的优等生，不管是父母还是老师都对她非常放心。但这段时间以来，苏青的妈妈却发现她有些"不正常"，有时会莫名其妙地傻笑，不知道在想什么，有时又会显得有些失落。

在发现苏青的异常之后，妈妈非常担心，想尽办法开始查探苏青的情况，甚至还偷偷看了苏青的日记。在苏青上了锁的日记本里，妈妈总算找到了一些端倪，她发现苏青的日记中频频出现一个男孩的名字，甚至在某一页的日记里，苏青还在那个男孩的名字下面写了一句情诗："心悦君兮君可知。"

早恋！当这两个字跃然于心头的时候，妈妈又气又急，直接冲到学校，找到苏青的班主任，并通过班主任找到了那个苏青日记本中出现的男孩，那是一个长得很帅，很会打篮球的阳光男孩，是苏青的同学。

原本苏青和那个男孩连话都没说过几句，苏青对他也仅仅只是"暗恋"，可被妈妈这么一闹，大家都知道了苏青的事，苏青又气又急，当着班主任的面就和妈妈大吵了一架，伤心地一个人跑走了……

12岁的苏青未必真的明白什么是爱情，什么是恋爱，她心中那份青涩的萌动，就如同一个青春的梦，或许直到梦醒的那天，也不会让别人知晓。但苏青妈妈如临大敌、粗暴阻止的行为，却硬生生把这个青涩的梦打破了，并深深地伤害了苏青。

其实，"早恋"并没有那么可怕，现如今，许多教育专家都提出了这样一个观点：恋爱没有早晚之分，孩子在进入青春期之后，对爱情都会充满憧憬，这是非常正常的。爱情是美好的，每个人都想谈一场轰轰烈烈的恋爱，上演一段沧海桑田的海誓山盟，这并不是什么罪过。

恋爱本身并不是什么错误，也不是引发父母担忧的源头，真正令父母感到担忧的，主要是这么几点：

第一，早恋影响孩子的学习，让孩子无心向学，在本该好好学习的阶段荒废时光；

第二，孩子心智尚未发展完全，还不能为自己的行为负责，担心孩子，尤其是女孩，在冲动之下做出后悔终生的事情；

第三，孩子情绪控制力通常不如成年人，而早恋无疑会让孩子变得情感起伏较大、心态波动也较大，并产生莫名的烦恼，致使精神不佳，甚至失眠、头疼等，严重影响孩子的健康状况。

诚然，父母的担忧也并非全无道理，但如果因为这些担忧，父母就不假思索地采取高压、强制手段来对付孩子，甚至辱骂、教训孩子，那么恐怕也只会适得其反，甚至让孩子为了"报复"父母而做出一些过激的事情。尤其是女孩，女孩本身就比男孩更敏感脆弱，父母过激的手段或言辞，往往会对女孩造成难以想象的伤害，甚至让她从此不愿再对父母敞开心扉。

那么，在面对女儿的"早恋"问题时，父母究竟该如何是好呢？

◆ **细节130：理解女孩的感情，不妨和她一起谈论令她心潮澎湃的对象。**

想要让女孩对你敞开心扉，听取你的意见，作为父母，首先就要懂得理解女孩，站在女孩的立场上想问题。比如在得知女孩对异性产生萌动时，父母千万不要不问青红皂白就指责、教训女孩，而是应该以尊重的态度来与女孩交谈，了解让女孩心思萌动的对象。当女孩能够对你敞开心扉，不再抵触时，你才能潜移默化地让女孩接受你的意见，从而引导她正确地疏导自己的情感。

◆ **细节131：别把"性"神秘化，正确展开性教育。**

大部分父母提"早恋"色变，除了担心早恋会影响到孩子的学习成绩之外，最关键的一点还是怕孩子因不懂事而偷食禁果，犯下不可弥补的大错。尤其是女孩，相比男孩来说，在这样的情况下，女孩所受到的伤害要大得多，这也正是为什么不少父母都对"早恋"一事严防死守，如临大敌。

好奇是人的天性，很多时候，人们之所以对某个东西或某件事产生兴趣，往往正是因为对这个东西或这件事不了解，从而产生好奇，所以才想尝试一番。孩子对"性"同样如此，如果父母总是遮遮掩掩，把"性"这件事变得特别神秘，那么反而可能会勾起孩子的好奇心，促使孩子做出懊悔终身的事情。所以，父母应该做的，是让孩子了解"性"，从而打消孩子的好奇心，并对孩子进行正确的性教育。

◆ **细节 132：循序渐进，帮助女孩树立正确的恋爱观。**

爱情是美好的，但同时也是难以分辨的，很多人一辈子可能都分不清爱情和欣赏或激情等情感的区别。作为父母，我们应该引导女孩，帮助女孩树立正确的恋爱观，让女孩明白，什么是爱情，什么是欣赏，什么是青春的悸动。父母们应当记住，女孩的情感是敏感纤细的，尤其那些青春特有的萌动，与其死堵，不如疏通。

2. 青春期，千万别和女儿较劲

很多青春期女孩都存在逆反心理，尤其在面对父母的时候，常常是父母越说希望她做什么，她就越发不愿意做，甚至有时候，明明是自己做不到的事情，却为了和父母较劲偏要自己去做，不肯接受父母的帮助。这种情况常常令父母感到十分恼火，而父母一恼火，一顿训斥自然是少不了的，然而事实也证明，父母严厉的训斥并不能改变女儿的执拗，甚至反而会让她的逆反情绪愈演愈烈。

通常来说，青春期女孩的逆反包括两个方面，即行动和感觉。行动上女孩的逆反主要表现为：不让做什么，偏要做什么，就是喜欢和别人拧着来。感觉上女孩的逆反则主要表现为情绪的愤怒、恐惧、害羞以及不合作等。这些不稳定的表现，其实正是女孩进一步成长的信号。

倩倩从小就是个乖女孩，好学生，但自从上了高中之后，倩倩就像变了个人一样，成绩大幅度退步，上课也不好好听讲，甚至还出现了逃学的行为，对学习仿佛突然之间就失去了兴趣。

倩倩的父亲一直在外地做生意，母亲工作也非常忙，所以平时倩倩和父母之间的交流并不多。倩倩的母亲是个非常严厉的人，性格比较强势，说一不二，在了解到倩倩在学校的情况后，母亲严厉地训斥了倩倩，但这并没有让倩倩"幡然醒悟"，反而让她越来越反感。

为了反抗母亲，倩倩开始把头发染得五颜六色，甚至故意做一些违反学校规章制度的事情。回到家以后，面对母亲的批评和唠叨，倩倩也表现得非常不耐烦，常常一回家就把自己关进房间，有时甚至连个招呼都不打。现在，倩倩的母亲也不知道究竟该怎么和女儿沟通了，她怎么也想不明白，曾经那个乖巧可爱的"小棉袄"怎么会变成今天这个样子。

据心理学家研究发现，孩子在十岁之后，就会或多或少地对长辈产生一些对抗行为，在这一时期，孩子的自主性逐渐增强，对许多问题也有了自己的主意和见解，为了显示自己的成熟和独立，故而会对成人的一些行为采取排斥的态度。就像倩倩，面对母亲的训斥和批评，不仅没有改正错误，反而变本加厉，非要"反其道而行"，说到底，其实就是对母亲的一种反抗。

青春期女孩的逆反表现其实是一种建立自我的方式，她之所以违抗父母，并不是单纯地为了给父母添堵，而是为了弄清楚自己究竟是谁，明白自己究竟想要做什么。尤其是父母较为强势的情况下，青春期女孩更容易表现出对抗行为。在这一时期，女孩实际上已经有了自己评判事物的标准和看待问题的角度，但在较为强势，且控制欲较强的父母看来，此时孩子依旧是"不懂事"的，他们的所思所想根本不重要，在这种情况下，父母想要掌控孩子，孩子想要脱离父母的控制，冲突自然也就产生了。

性格不同的孩子在青春期逆反心理的表现也有所不同，包括外向型对抗，即会通过直接的语言顶撞，或过激的行为来与父母对抗；还有内向型对抗，即表面乖巧，不与父母顶撞，但内心却一直存在强烈的反抗情绪，常常"阳奉阴违"，在私底下做父母不同意他们做的事情。

那么，面对处于青春期的叛逆女孩，父母究竟应该怎样做呢？

◆ 细节 133：给予女孩足够的理解和包容。

每一个进入青春期的孩子，都将经历一段时间的逆反期，这是一种非常正常的生理及心理现象。所以，当家里的贴心"小棉袄"变成坏脾气的"小炮仗"时，父母要懂得给予她更多的理解和包容，只有父母能够理解女儿正在经历的这一特殊心理历程时，才能够平静地面对孩子的反抗，并理智地帮助孩子顺利度过逆反期。

◆ 细节 134：用正确的方法关心女儿。

天下的父母都是疼爱自己的子女的，但有时候，父母的关爱也会成为阻挡孩子成长的枷锁。在向女儿表达关爱时，父母一定要用对方法，不能只局限于物质的享受，更要重视女儿的心理、情感的变化，用正确的观念教育、引导孩子。

此外，父母不能因为疼惜女儿就事事帮女儿包办，而是应该让女儿多接触社会，参与劳动，从而让女儿明白，人生在世，许多事情并不是可以任性妄为的。当女儿出现乱发脾气的行为时，父母可以利用周围环境的情况来转移女孩的注意力，从而平息女孩的坏脾气。

◆ 细节 135：细心劝导女孩说出自己反抗父母的原因。

很多时候，青春期女孩对父母的反抗行为并不是单纯地为了和父母作对，她们可能是想博取更多的关怀和重视，或者为了表达自己独立的诉求。因此，面对女孩的逆反行为，父母一定要多和女孩进行沟通，劝导女孩说出自己反抗行为的真正原因，只有了解了根本的原因，才能彻底解决问题。

◆ 细节 136：放下家长的架子，平等地与女儿进行沟通。

青春期的女孩已经具有强烈的自主意识，因此，父母在和女孩进行沟通时，要懂得放下家长的架子，以平等、尊重的姿态与女孩进行沟通，只有这样才能引起女孩积极的回应，从而畅所欲言地表达自己的真实想法。

◆ **细节 137：别和女孩较劲，发生冲突时不妨转移话题。**

当和女孩产生冲突时，父母一定不要和女孩硬碰硬地较劲，当然，也不能毫无原则地退让。最好的办法就是先转移女儿的注意力，平复女儿的情绪，等女儿冷静下来之后，再"动之以情，晓之以理"。

3. 女孩内心敏感，不要对她大吼大叫

不少父母都曾抱怨过，原本乖巧可爱的女儿在进入青春期之后，就仿佛变了一个人似的，总是乱发脾气，而且不愿意和自己交流，根本搞不清楚女儿心里到底在想些什么。其实，孩子并不是天生就不喜欢与父母交流的，很多时候，恰恰正是因为父母与孩子交流时的方式不恰当，这才促使敏感的孩子关闭了内心的大门。

当孩子淘气或犯错时，中国的父母素来习惯以训斥的方式来对待孩子，动辄大吼大叫，甚至恶言恶语。但事实上，对孩子大吼大叫并不具有任何教育意义，尤其是那些处于青春期的女孩，她们的内心敏感而脆弱，父母刻薄的训斥不仅不能达到预期效果，反而可能伤害她们的自尊，破坏父母与女孩之间的亲情关系，以致彼此间隔阂越来越深。

在父母和长辈眼中，方菲一向是个性格内向、少言寡语的女孩，但在同学和朋友面前，方菲却性格开朗、活泼外向。而方菲之所以会呈现出这样的"两面性"，与平日里父母的行为习惯脱不了干系。

平日里，方菲的父母总是把她当不懂事的小孩子看待，不管她向父母提出什么意见，父母都不在乎，哪怕是家里的事情，方菲也没有任何发言权。甚至有时候在路上遇到熟人，熟人问方菲的问题，几乎也都是母亲代为回答的。

而最令方菲感到难过的是，每次只要她不顺父母的意思做事，父母就会对她大吼大叫，根本不在乎她心里在想什么，想要什么。久而久之，方菲越来越不喜欢在父母面前说话，表达自己内心的想法，毕竟在她看来，父母根本不在乎她心里的想法，她又有什么好说的呢？

不少父母似乎都觉得，现在的小孩最幸福不过，想吃什么有什么，想穿什么有什么，娱乐学习两不误，日子过得像神仙般逍遥，还能有什么烦恼？然而，对于孩子来说，相比优渥的物质条件，心理上的需求其实更重要，但偏偏大多数父母却都忽略了这一点。

女孩本身就比男孩要早熟，对于进入青春期的女孩来说，随着心理发育的逐渐成熟，她们所需要的不仅仅是物质上的满足，她们还渴望着父母的理解和尊重，渴望能够得到自由的话语权。她们渴望与父母站在平等的地位上进行沟通，发表自己的意见，表达自己的诉求，这是更高层次的精神需求。而如果这种需求无法得到满足，甚至遭到父母的打压，那么久而久之，内心敏感的女孩很可能就会因此而封闭自己的内心，不愿再与父母推心置腹，就像方菲那样，在父母长辈面前和同学朋友面前呈现出两种完全不同的样子。

父母们不妨想一想，自己在与孩子交流的时候，是否给予过孩子足够的尊重和理解。如果父母总是抱着这样的想法，觉得孩子不懂事，无法对自己的言行负责，无法自己做出决定，必须听从自己的安排，那么孩子又怎么可能愿意把自己内心的想法与父母交流呢？不平等的交流方式只会让孩子产生严重的失落感和压抑感，致使孩子在产生困惑时宁可闷在心里，也不愿和父母交流，这样一来，久而久之，不仅会影响到孩子的身体健康，还会影响孩子的心理健康，甚至造成父母与孩子之间的隔阂。

人与人之间的交流应该是平等的、愉快的、舒适的，尤其是父母和孩子之间，试想一下，如果你的领导每天都凶神恶煞，不把你说的话放在心上，动不动就对你大吼大叫，你还会愿意和他交流，给他卖命吗？恐怕，即便不跳槽，也无心好好为他工作了吧！

所以说，父母不要总觉得自己高高在上，遇到不顺心的事情就随意对孩子大吼大叫，横加指责，这只会让孩子在对父母产生恐惧的同时，内心也感到无比失望，认为父母根本无法理解自己。所以，为了孩子的健康成长，父母们还是好好收敛一下自己的脾气吧，放下所谓的威严，平等地与孩子进行沟通，别让那些刻薄的语言成为横在你与孩子之间的沟渠。

◆ 细节 138：父母要学会控制自己的情绪。

很多时候，父母对孩子大吼大叫并非是出自于自己的本意，而是在当下无法控制自己的脾气所导致的，因此，学会控制自己的情绪，是父母与孩子建立友好沟通的前提。如果一时无法控制怒火，那么父母不妨考虑暂时离开，比如可以出门散散步，或者到其他房间自己一个人待会儿，等平复情绪之后，再继续与孩子对话，尽量避免在坏情绪的驱使下和孩子进行交流。

◆ **细节 139：父母要能够倾听孩子的心声，并尊重孩子的意见。**

沟通最重要的不是会说，而是会听。父母要懂得倾听孩子的心声，并尊重孩子的意见，只有父母先做到这一点，孩子才会愿意对父母敞开心扉，表达自己的诉求。如果不管孩子说什么，父母都是想当然地否定，那么孩子是永远也无法信任父母，并从心底接受父母的建议的。

◆ **细节 140：以平等的姿态和孩子对话。**

在家庭中，父母与孩子的关系不应是从属关系，而应是平等的。父母不能期望孩子无条件服从自己，也不应该用家长的身份来强迫孩子顺从。父母应该给孩子一个平等对话的机会，哪怕他们的表达不准确，或有失偏颇，父母也应该用心倾听，让孩子感受到父母给予的尊重和重视。

◆ **细节 141：认真对待孩子的诉求。**

面对孩子提出的诉求，父母一定要认真对待，不能敷衍了事，更不能因为忙碌就不耐烦，冲孩子恶言相向。只有父母懂得尊重孩子，孩子也才会尊重父母，也只有父母学会重视孩子的诉求，孩子也才会重视父母的意见。

总之，父母们一定要记住，恶语相向、大吼大叫，只会伤害孩子的自尊心，破坏彼此的亲情关系，加深彼此之间的怨怼。

4. 告诉女孩，接受自己的不完美

许多女孩身上都带有一点追求完美的成分，无论做什么，总是期望能做到万无一失，这样的性格特点固然会让女孩在做事时精益求精，从而不断进步，但同时，这种心理也可能会导致女孩在做事时因为害怕犯错而停滞不前，瞻前顾后。

更重要的是，在这种追求完美的心理诉求下，一旦发生错误，往往可能导致女孩陷入自怨自艾的情绪中难以自拔，甚至懊恼、责怪自己。在这样的情况下，如果父母不能够给予正确的引导，那么这种过分追求完美的心理很可能会成为孩子健康成长的阻碍。

江笑在班级里担任小组长的职务，每周五都要带领组员一起做值日。这天周五，江笑带领组员们打扫卫生的时候，班主任王老师突然来了，还特意嘱咐江笑说："今天打扫完卫生之后，要记得把教室的门窗都关好，明天就周末休息了。"

江笑满口答应着，但等卫生打扫完之后，江笑一看时间，快到6点了，想到自己一直看的电视节目很快就要开始，江笑就把王老师交代的关门窗的事情给忘了。平时这些事情都是由组长江笑来记着的，因此其他组员也都没有放在心上，结果，教室的窗户就这样开了两天。

星期一一大早，上课铃刚打响，王老师走进教室问的第一句话就是："星期五值日的同学是哪一组？"

江笑赶紧举手："是我们组。"

王老师点点头，说道："是江笑啊。我记得周五我还特意提醒你关门窗，怎么忘记关窗户了？"

王老师这么一说，江笑才猛然想起来，那天自己因为赶着回家看电视，结果把老师特意交代的事情都给忘记了。

王老师接着说道："周六下午刮大风，因为教室窗户没关，震坏了好几块玻璃，这都是你们组的失职。所以，这个月教室的卫生，都交给你们组来负责。"

听完王老师宣布的惩罚措施，江笑就一直心不在焉，闷闷不乐，之后上课的内容也都没有听进去，一直在内心不断地责备自己，怎么偏偏犯了这么一个错。

放学回到家之后，江笑妈妈看到江笑闷闷不乐的样子，担心地问她："笑笑，怎么了？学校发生什么事了吗？"

在妈妈的追问下，江笑一脸懊恼地把事情从头到尾讲了一遍，一边说一边责怪自己。看着女儿伤心的样子，妈妈并没有指责她粗心，而是温柔地安慰她说："傻孩子，谁都有粗心犯错误的时候，只要记住吸取教训，下次不再犯就好了。"

在妈妈的安慰下，江笑终于露出了笑容，说道："我知道了，妈妈，我以后一定吸取教训，再也不这么粗心了！"

俗话说"金无足赤，人无完人"，一个人无论再怎么优秀，都不可避免地会存在一些缺点，一件事不管计算得再如何周详，也都难免会发生错误，遭遇挫折。这个世界上并不存在十全十美的人或事，人一定要懂得接受自己的缺点和不足，才能不断进步。这个道理虽然人人都明白，但对于心智不成熟的孩子来说，他们因为年纪小、阅历浅，往往不能正确看待生活中所遭遇的失败和挫折。就像江笑那样，如果没有妈妈的开导，她也不能这么快从自己所犯的错误中找回自信，接受自己的"不完美"。

那么，作为父母，我们又该如何帮助敏感脆弱的女孩，让她们学会如何走出失败，直面挫折，接受自己的不完美，接受自己是个有缺点的人呢？

◆ 细节142：当孩子遭遇失败时，父母要给予鼓励和安慰，避免孩子产生消极态度。

从心智上来说，女孩往往比男孩更早熟，也更敏感，尤其是那些受惯了表扬，没有遭遇过什么打击和挫折的女孩。当女孩在生活中遭遇挫折和失败的时候，父母千万不要一味地责怪她，或教训她，而是应该给予适当的安慰和鼓励。比如，当女孩的考试成绩退步，女孩正为此感到难过时，父母应该给予她鼓励和安慰，帮助女孩重塑自信，并找出学习退步的原因。如果父母只是一味地责怪或批评女孩，那么只会让孩子原本就沉重的心情雪上加霜，甚至对其他事情也产生消极态度。

◆ 细节143：帮助孩子在失败中重拾自信，获得战胜困难的力量。

"接受不完美"——这是一位著名经济学家的人生哲学理念，这位经济学家认为，不完美是人性的一部分，我们只有接受这一点，才能避免在面对失败与挫折时产生消极态度。人只有承认自己的缺点，才能不断进步，将缺点一点点变为优点。就如有人曾说过的："承认自己的错误是一种骄傲，一旦我们认识到理解上的不足是人类的先天性特征，犯错就没有耻辱可言，耻辱的只是不能纠正错误。"

　　父母想要帮助孩子学会正确面对失败，在失败中重拾自信，从而获得战胜困难的力量，就要让孩子懂得接受自己的不完美，承认自己的缺点和不足，并以平常心来看待这一切。孩子的内心是敏感而脆弱的，他们总希望自己能把一切事情都做得完美无缺，希望能够得到他人的肯定与认可，但世上又哪会存在从不犯错、从不失败的人呢？所以，当孩子犯错的时候，作为父母，千万不要不问青红皂白就指责孩子，教训孩子，而是应该引导孩子如何正确面对失败，并帮助他们尽快走出失败的阴影，更加自信地面对未来。

5. 为什么女孩总是爱"抑郁"

　　青春本该是神采飞扬、精彩纷呈的，但不少步入青春期的女孩却常常显得心事重重，对什么事情都提不起兴趣，有时甚至还会说出一些"苦大仇深"的感叹。面对这样的情况，许多父母总认为孩子伤春悲秋不过是"少年不识愁滋味，为赋新词强说愁"罢了。但实际上，对于朝气蓬勃，同时却又敏感脆弱的青春期女孩来说，抑郁心理的破坏性是极其严重的，如果女孩不能及时从抑郁中走出来，那么无论对她的学习、生活还是健康状况都会产生极大影响。

　　这一段时间，陈璐总是显得闷闷不乐，不管做什么都提不起精神来。

　　吃饭的时候，妈妈一边摆饭，一边喊着："璐璐，吃饭了！"

　　坐在一边看电视的陈璐懒洋洋、慢吞吞地走到饭桌前，无精打采地拿着筷子，吃了几口就没什么胃口了，过了半天才懒洋洋地问了妈妈一句："妈，你说我以后能做什么工作呢？"

妈妈一边吃饭一边顺口回答道："你之前不是说想当医生吗？当医生挺好的，好好读书，考个医学院。"

陈璐"哦"了一声，然后又突然问道："过几天阿梦过生日，我们要出去玩，妈妈你说我穿哪件衣服好呀？"

"就前几天买的那条蓝色的裙子吧，那条挺好的。"妈妈随口回答着。

晚上，一家人坐在一起看电视时，陈璐突然叹了口气，闷闷不乐地说道："天天都这么过，都干这些事情，生活真是没意思，烦死了……"

妈妈瞥了陈璐一眼，皱着眉头说道："小孩子家的，别整天叹气，都不知道你想些什么，有的吃有的穿还能看电视，你还不满足啊？"

听了妈妈的话，陈璐撇撇嘴，径直回了房间。

从陈璐的表现就能看出，她显然已经出现了抑郁的情绪，她对妈妈说的话，看似自怨自艾的叹息，实际上就像一个"求救信号"，但可惜，妈妈并未接收到这个信号，也并没有重视陈璐的情绪问题。

许多父母其实都和陈璐的妈妈一样，觉得孩子年纪轻轻，有的吃有的喝有的玩，实在不应该有什么烦恼，哪怕一时有了不开心的事情，似乎也没有什么大不了的。所以很多父母其实都不明白，为什么明明应该神采飞扬的孩子，却总是爱"抑郁"呢？

其实，对于孩子来说，青春期是一个非常特殊的时期，这一时期的青少年都有较强的自尊心和成功欲望，但由于他们对压力的承受能力差，故而非常容易因挫折和失败而陷入痛苦，最终产生抑郁情绪。所以，父母一定要多关注青春期孩子的心理状态，一定要留意孩子发出的"抑郁信号"，别不把孩子的烦恼当回事。

通常来说，让青春期孩子产生抑郁情绪的原因主要包括这么几个因素：

第一，完美主义；

通常来说，青少年抑郁情绪的产生和家长错误的教育方式有着极大关系。很多父母在教育孩子时往往特别极端，不是极其严厉就是极其溺爱，如果父母极其严厉，那么在教育孩子时，便难免事事追求完美；而如果父母习惯溺爱孩子，则可能会没有节制地满足孩子的一切要求，无论是哪一种情况，都可能让孩子变得在生活上缺乏自立，在学习上则害怕失败，在这样压抑退缩的情绪之下，便会逐渐变得抑郁忧愁。

第二，不恰当的自我评价；

由于心智发育不成熟，大部分青少年往往缺乏正确的自我评价能力，所以当现实与理想产生冲突的时候，孩子就难免会产生一种深重的挫败感，从而对自己失去信心，变得情绪低落、苦闷，认为自己毫无能力，在自轻、自贱的情绪中走向抑郁。

第三，心理压力大；

父母们总以为，孩子不需要操心生活，应当是无忧无虑的，但实际上，现在的孩子心理压力并不比成年人小。学校、老师、家长，这些都是孩子压力的来源，如果孩子因为压力而长期处于紧张、焦虑的情绪状态中，那么久而久之会产生抑郁情绪也就不奇怪了。

第四，缺乏生活目标。

青春期是孩子发现自我，建立自我的一个重要时期，在这个时期，如果孩子找不到学习和生活的目标，那么很容易会因此而迷失自我，感到茫然无措，从而陷入抑郁，觉得做什么都毫无意义。

既然知道孩子抑郁的原因，那么作为父母，我们又能为孩子做些什么呢？

◆ 细节 144：教会孩子正确看待失败。

人生在世，遭遇失败是件非常正常的事情，父母应该让孩子明白，不论做什么事情，都不可能永远成功，在遭遇失败时，应当用平常心来面对，只要能够收拾好心情，认真反思，就一定还有成功的机会。

◆ 细节 145：培养孩子积极乐观的心态。

想要让孩子远离抑郁，父母最应该做的，就是从小帮助孩子培养积极乐观的心态，让孩子不管遇到什么事情，都能往好的方面去看，去想，只要孩子无论何时都能保持轻松乐观的心态，那么自然也就不会因忧虑和悲观而陷入抑郁了。

◆ 细节 146：与孩子多沟通，了解孩子的内心。

孤独是造成抑郁的重要因素之一。父母应该多与孩子沟通，了解孩子内心的想法，及时帮助孩子排解内心的孤独情绪，给孩子营造良好的精神环境。此外，父母还应该多鼓励孩子走出家门，结交同龄的朋友，让孩子能够将不愿与父母分享的心事和朋友分享，找到一个宣泄的途径。

◆ 细节 147：鼓励孩子多参加体育活动。

父母可以多鼓励孩子参加一些有益身心健康的体育活动，比如唱歌、跳舞、羽毛球、体操等等，在参加这些活动的过程中，孩子也能认识更多优秀的朋友，在良好氛围的影响下，孩子也更容易重拾对生活的激情，从而远离抑郁。

6. 抹去悲观，点亮青春

每个人的个性都是不同的，有的人天性乐观，针头线脑的事情都能让他开怀起来，有的人则天性悲观，不管遇到什么事都只会想到糟糕的一面。而对于孩子来说，悲观的心理不仅容易让他们失去斗志、不思进取，甚至可能让他们对生活和未来都失去信心和希望。

悲观不仅仅是思考的负面方式，同时也会对孩子的健康造成极大威胁，据有关专家研究发现，现在的孩子比上世纪头 30 年的孩子罹患忧郁症的危险要高出 10 倍以上。更为可怕的是，经过对 3000 多位 9~14 岁儿童的跟踪研究，专家发现，这其中竟然有高达 9% 的孩子已经是忧郁症后期。

可见，悲观情绪是孩子青春期的大敌，只有抹去悲观的影响，才能点亮美好的青春。

萌萌是个胆小内向的女孩，在学校里几乎不敢主动和老师说话，上课也从来都不敢主动举手发言，哪怕是去商店里买东西，问服务员价钱都要迟疑犹豫很久。

此外，萌萌这人还特别悲观，不管遇到什么事情，首先想到的都是最糟糕的结果。比如亲戚家的孩子到家里寄住，别的小朋友可能觉得自己多一个新朋友，而萌萌却担心因此被爸爸妈妈忽略；上课时，老师批评某些同学可能做了某些不恰当的行为，别人都没往心里去，就萌萌紧张得不行，总认为老师就是在含沙射影地批评自己，担心老师讨厌自己……

一天，萌萌刚放学回家，就看到自己养的金鱼死在了鱼缸里，萌萌伤心地哭了，一整天都情绪低落，还不时自言自语着："为什么我运气这么差，养的小金鱼死了，以前养的小鸡也死了，还有我的仙人掌……我怎么什么都做不好，什么都养不活，我怎么那么蠢，那么笨……"

面对这样敏感脆弱又悲观的萌萌，妈妈实在不知道该怎么办了，也完全想不通，现在这些小孩，怎么小小年纪，就有这么多悲观的情绪呀！

有的人性格悲观是先天遗传造成的，而有的人则是因为后天的遭遇和成长环境造成的。但不管是哪种情况造成的悲观性格，只要父母能够在孩子的成长过程中给予适当的教育和引导，灌输给他们积极的想法，那么悲观的性格必然也是能够有所改善的。

很多时候，父母在教训孩子时，往往会无意识地将一些悲观消极的想法灌输给他们，比如有的父母在教训孩子时常常会说诸如"你怎么那么笨"、"你这样怎么可能做好"、"你再继续这样别想成功"之类的话，这其实就是一些悲观消极的想法，如果孩子长期从父母那里得到这样的看法，那么久而久之，便会在潜意识中滋生悲观情绪，认为自己确实如同父母所批评的那样一无是处。此外，负面的生活经历也会导致孩子产生悲观情绪，比如与朋友分别、父母离异或者成绩退步等等，在遭遇这些负面的事情之后，如果孩子的情绪不能得到恰当的排解和安抚，那么很容易就会变得悲观失望，事事都往坏处想。

悲观是青春的雾霾——悲观的女孩总认为美好的东西都是短暂的，只有坏事才会一直光临；悲观的女孩总将成功看作偶然降临的运气，把失败看作生活的常态；悲观的女孩总在面对挫折时做最坏的打算，采取最消极的行动；悲观的女孩总会夸大痛苦与恐惧，却不敢争取和面对。

所以，作为父母，想要让女孩的青春充满阳光与欢笑，就要想办法帮助女孩抹去悲观，以乐观积极的心态面对生活，面对挫折。诚然，乐观向上的性格确实对女孩的成长有着很大作用，但父母又该怎么做，才能帮助女孩建立积极乐观的心态，摆脱悲观孤僻的纠缠呢？

◆ 细节 148：保护女孩的自尊，帮助女孩树立信心。

女孩心思细腻敏感，父母在与女孩相处时，一定要注意保护女孩的自尊心，帮助女孩树立信心，尤其在女孩犯错时，父母千万不要用过分激烈或具有伤害性的话语来教训女孩。很多孩子的悲观情绪都是因为缺乏自信而产生的，而孩子之所以缺乏自信，则通常是因为无法从父母那里得到足够的认同和肯定。

◆ 细节 149：注意女孩的情绪变化，重视青春期烦恼。

父母只要用心留意，就会发现女孩在陷入悲观情绪困扰之初，是会发出一些"求救信号"的，比如常常叹气，情绪不高，遇到事情胆怯畏缩等等，都是悲观心理形成的一些表现。父母要仔细留心女孩的情绪变化，在女孩产生这些消极情绪时，及时给予女孩帮助和鼓励，引导她走出情绪困境。

◆ **细节 150：引导女孩学会自我调节，及时排解不良情绪。**

每个人都会产生不良情绪，当这些不良情绪不能得到及时排解的时候，人往往就容易胡思乱想，从而陷入悲观中不可自拔。所以当父母发现女孩产生不良情绪的时候，一定要及时引导女孩排解这些情绪，多给女孩一些关爱和鼓励，让女孩对家庭、对生活都充满信心，这样就不会悲观消极了。

◆ **细节 151：教会女孩如何正确认识自己。**

随着年龄的增长和心智的成熟，女孩的自我意识也会越来越强，在这个时期，父母应当教会女孩如何正确客观地认识自己，评价自己，分析自己，让女孩认识到自己的优点和长处，并接受自己的缺点和不足。

◆ **细节 152：给女孩灌输一些乐观思想。**

父母是孩子的榜样，因此，想要让女孩摆脱悲观，变得乐观开朗，父母首先就要做到积极乐观地面对生活，无论遭遇什么事情，都能以积极乐观的心态去面对。当父母能够以身作则，用自己的一言一行，将乐观的思想灌输给女孩时，便能在潜移默化中帮助女孩培养积极乐观的心态和思想了。

Chapter 9 趁早放开双手，女孩也要自立

很多家庭在教育女孩的时候，没有培养女孩的自立能力。其实女孩的自立要远比男孩重要，因为女孩在生活当中，就应该给人精致的一面，这远比男孩需要做的困难得多。为了孩子的将来，我们不妨放开双手，给孩子自立的空间。

1. 不包揽，给女孩独立成长的空间

美国心理学家戴尔说过这样一句话："孩子需要一定的空间去成长，去试验自己的能力，去学会如何对付危险的局势。父母不要为孩子做任何他自己能做的事。如果父母过多地代劳，就剥夺了孩子发展自己的能力的机会，也剥夺了他的自立及信心。"

依赖心理是父母培养女孩独立精神的大敌，它会使女孩心安理得地享受父母给予的一切。当这些东西变为理所当然的时候，感恩、尊重、义务等等便会相应地在女孩心灵中淡化，责任心也会慢慢流失。因此，作为女孩的第一任老师，父母一定要懂得克制自己对女儿的爱，让女儿摆脱依赖心理，增强对困难的承受力，从而成为一个独立的人。

依赖心强的女孩总是缺乏自信、没有主见，不管做什么事情，都觉得自己能力不足，需要得到别人的帮助，不愿自己去动脑筋，也不善于动脑筋，遇事更是人云亦云，难以下决定，习惯将未来交给家长或老师去安排。这样一来，久而久之，女孩就会养成遇事缺乏主见，遇事甘愿置身于从属地位的不良习惯，对未来的发展是非常不利的。

一大早，张女士就在厨房忙进忙出地给女儿做早餐，正手忙脚乱的时候，却突然听到卧室里不停地传来女儿的声音：

"妈妈，你怎么没给我准备好衣服呀？"

"妈妈，我的外套放在什么地方了？"

"妈妈，我的鞋带还没穿好呢！"

"妈妈，这双鞋和我的裤子不搭，怎么办？"

"妈妈……"

小玉是张女士的独生女，因为从小身体不太好，所以张女士一直非常疼宠她，生活里事事都照顾得非常周全。现在小玉已经上小学五年级了，但却连每天的衣服都要靠张女士给她准备，甚至连鞋带都还不会系。

由于什么事都得自己管，张女士一个人一双手，有时也难免会弄得手忙脚乱。就说头天晚上吧，公司突然通知临时加班，张女士回到家的时候都快十二点了，结果就忘记提前给小玉准备好第二天穿的衣服，于是才有了今早的麻烦。

本就忙得脚不沾地，张女士却还是得不停地大声回答小玉的问题，指导她应该穿哪件衣服，穿哪双鞋。看着小玉迷迷糊糊的样子，张女士也不由得无奈地叹息着："唉，这孩子，都多大岁数了，怎么什么都还不会做，一点独立性也没有呀！"

所谓成长，指的不仅仅是身体的成长，更是心理的成熟。有的女孩吃得好穿得美，但心理却因为父母的忽视而缺乏"营养"，失去了锻炼自立能力和生存能力的机会。这样的女孩或许在学习上是优等生，但在生活里却可能一无是处，尤其是一旦离开学校走向社会，就难免成为寸步难行、频频遇挫的"劣等生"，甚至被社会所淘汰。所以，父母要帮助女孩成长，就一定要懂得消除女孩的依赖心理。

具体来说，父母可以从以下几方面入手：

◆ **细节 153：懂得放手，女孩才能独立成长。**

想要让女儿培养起独立性，父母就要懂得放手，不能事事为女儿包办。儿童心理学研究表明，孩子其实是喜欢自己做事情的，他们喜欢说"我能"、"我自己来"等等。对于孩子来说，独立也是一种成长，父母应该顺应孩子的天性，适当地放开她的手，让她大胆地去做自己想做的事情。这不仅对培养女孩的自理能力很重要，同时也能培养女孩吃苦耐劳的精神和树立责任感，让女孩学会对自己的生活和行为负责。

父母要想对女孩放手，就要在某些时候做到"别管"。当女孩遭遇自己有能力应付的挫折时"别管"；当女孩面对自己应该完成的挑战时"别管"；当女孩需要为自己的人生做出选择，而她也确实具备做出选择的能力时"别管"。只有父母做到"别管"，女孩才能真正得到锻炼，学会独立地处理问题。这种"别管"的做法，能让女孩变得更加独立、自主、自强，并在锻炼中增强自信，增加责任感。需要注意的是，"别管"不等于放任自流，我们所说的"别管"是建立在了解女孩的能力范围、尊重女孩的情感基础上的放手。

◆ **细节 154：通过夸奖别人来激起女孩的好胜心。**

当女孩已经对父母形成依赖感，在做事时缺乏主动性的时候，父母可以利用其争强好胜不服输的天性来扭转这种依赖感。比如父母可以有意地在女孩面前夸奖别人，以此来激发女孩的好胜心。这样，不服输的劲头会让女孩变得更主动，更想表现自己的能力，而父母也能趁机引导，消除女孩的依赖心理。

成长是一个循序渐进的过程，要想消除女孩的依赖心理，父母就要懂得从细节入手，引导女孩自己去做一些力所能及的事，不要怕麻烦，更不要嫌女孩添乱、费时。任何事情都是一回生两回熟的，如果因为嫌弃女孩做得不好，不熟练，就一切都自己包办，那么女孩是永远不能成长的。

◆ **细节 155：注意说话方式，引导女孩学会坚强。**

父母在和孩子说话的时候，一定要注意说话的方式。在现实生活中，我们都看到过这样的场景：

女孩不小心摔了一跤，父母赶紧扶起她后，往往心疼地问："是不是很疼呀？"

看到女孩无精打采，父母就会紧张地问："哪里不舒服呀？是不是很难受？"

……

父母这样的问话方式看似是正常地对女孩表示关心，但实际上这些语句中对女孩都有一个引导作用，往往会让女孩不假思索地顺着父母的逻辑回答："好疼"或者"难受"。这样的对话方式无形中加深了女孩对父母的依赖心理，哪怕身上并不是那么疼，或者那么难受，也会因为父母无意中的"暗示"而变得软弱起来。所以，在和女孩交流时，父母要懂得改变自己的问话方式，比如用"不痛吧"来代替"痛吗"。这样，女孩会很自然地回答："不痛！"

2. 不代劳，自己的事情让女孩自己做

在生活中，不少父母都有过这样的抱怨：

我女儿每天放学，一回家就把书包到处乱扔，什么事都不管就知道去看电视，帮她捡书包都成了我每天的固定工作了；我女儿每次玩玩具之后都不知道自己收拾，把玩具丢得到处都是，经常一进她的房间，就看到满地玩具，都没地方下脚了，愁死人啊；我女儿每次拿了东西用，从来不会放回原处，结果等下次要用的时候，又像没头苍蝇似的到处找不见……

确实，这些现象在我们的生活中屡见不鲜，但事实上，造成这种现象的主要原因，归根结底还是父母在孩子小的时候没有培养起她们做事有条理的习惯。

"妈妈，我的书包呢？"

"妈妈，我的课本呢？"

"妈妈，我的运动鞋呢？"

"妈妈……"

这是 5 岁的圆圆常常对妈妈张女士说的话。圆圆从小身体比较弱，所以张女士一直都非常宠爱她，把她照顾得无微不至。结果，久而久之，圆圆变得越来越缺乏独立性，什么都要依赖妈妈，还养成了丢三落四的毛病。

一天，圆圆又像以往那样，张着嘴叫妈妈帮她找书包，张女士意识

到，再这样下去，圆圆的坏毛病永远都改不掉，于是她决定这一次再也不帮圆圆找书包了，非得教育教育她才行。圆圆在房间叫了很久，也不见妈妈理她，气得眼睛都红了，还要赖地对妈妈吼道："我就放在客厅，找不到肯定是你收起来了！"

就在这时，邻居刘阿姨突然来了，手里还拿着圆圆找了许久的书包。原来中午的时候，圆圆和小伙伴一起在刘阿姨家做作业，结果却把书包落在了刘阿姨家。看着刘阿姨递过来的书包，圆圆顿时红了脸，小声地跟妈妈道了歉。

随着生活水平的日益提高，生活节奏的日益加快，我们每天需要面对、处理的事情也越来越繁多，只有养成做事有条理的习惯，我们才能有条不紊地处理好工作与生活中的那些琐事，也才能时刻保有一颗宁静的心。作为女孩子，这一点更是尤其重要。

女孩天性就比较敏感细致，可以说，细心、有条理是女孩所具有的优秀天赋之一，这一天赋也将成为女孩最大的社会竞争力，因此，作为父母，应当从小就帮助女孩培养这一特性，让她形成做事仔细的好习惯，这对她的未来是大有裨益的。

正所谓实践才能出真知，要培养女孩的这一习惯，父母就不能因为心疼女儿，就事事都帮她代劳，而是应该潜移默化地让她去做一些事情，在实践中将细致、条理变成一种行为习惯。那么，具体来说，父母应该从哪些方面着手，才能帮助女孩养成这种好习惯呢？

◆ 细节 156：父母做事有条理，女孩才能有条不紊。

对于女孩来说，父母就是他们为人处世的榜样，因此，想要让女孩养成做事有条不紊的好习惯，父母首先就得自己做好表率作用。试想一下，如果父母自己在生活上都是一团乱麻，丢三落四，那么又怎么会有底气去教育女儿呢？环境对人的影响是非常大的，所以如果你想培养一个生活有条理的女孩，那么就得给她一个有条理的生活环境，自己则要做到言传身教。

在做事情的时候，父母一定要表现出自身的责任感，让女儿明白，认真负责是一个优秀的人必须具备的品质。尤其在家中做事时，父母一定要干脆利落，绝不拖沓，以免对女儿造成不良影响，让她以为偶尔拖沓一下没有什么大碍。

如果父母能够从小就言传身教地成为女孩的榜样，那么相信女孩也一定会向父母学习，成为一个优秀的人。此外，父母还应明白，培养任何一种习惯，都不是一朝一夕的事情，它是一个漫长的过程，需要决心和毅力去坚持。

◆ 细节157：鼓励女孩多做事，让女孩在实践中获得成长。

很多女孩已经习惯了父母的保护，不管遇到什么事情，第一反应就是张嘴喊爸爸妈妈，自己却从来不想着动脑筋去解决问题。这种习惯固然不好，但归根结底，还是因为父母平日的溺爱，把所有事情都一手包办，这才让女孩习惯了依赖，凡事都不肯自己去面对，去解决。可以说，斩断女孩独立臂膀，断送女孩学会坚强的机会的人，正是溺爱着女孩的父母。

想要让女儿成为一个做事有条不紊的人，就得让她在生活的实践中一点点磨炼，学会生活的基本秩序。比如在家里的时候，父母可以让女儿参与一些家务劳动，比如收拾、归置物品等，这样才能让女儿知道，哪些东西应该放在什么地方，哪些事情应该怎样去做。当女儿要做的事情非常多时，父母则应该引导女儿，让她明白，如何将事情排出个轻重缓急来处理。此外，在女儿参与做事的过程中，父母也要做好检查，告诉女儿哪些地方做得好，哪些地方存在不足，并说明理由。

◆ **细节 158：制定合理作息表，让女孩生活越来越规律。**

一个做事有条理的人，生活作息必然也是非常有规律的，这不仅是一种习惯，同时也是一种面对生活的态度。习惯是从生活的细节中一点一滴养成的，想要让女孩养成做事有条不紊的习惯，父母不妨从培养女孩拥有规律的生活作息入手。

父母可以根据女孩的具体情况，帮助女孩制定一份合理的生活作息表，让女孩按照作息表进行科学的安排和调整。在制作作息表的时候，一定要明确规定好每天的起床时间，睡觉时间，玩游戏时间，看电视时间等。条款越是细致详尽，执行过程中才更能落在实处。需要注意的是，在不同的年龄阶段，女孩有不同的作息习惯，父母应当科学灵活地进行调整。

3. 做个爱劳动的小"千金"

美国哈佛大学曾做过一个实验，实验人员对 456 名青年人的童年进行调查，发现抛开智力的高低及家庭背景因素的不同，那些在童年时期热爱劳动的人，比那些不爱劳动或父母不让劳动的人要快乐得多。我国也有过一项类似研究，研究表明，那些从小就具备自理能力的人，在未来的生活中，责任心以及自觉性都比那些从小缺乏自理能力的人要强一些，情绪也相对比较稳定。

可见，爱劳动的习惯对我们的身心健康是大有裨益的，作为父母，应从小就培养孩子爱劳动的习惯，不要因为心疼自家的小"千金"，就让家里的女孩变成十指不沾阳春水的大小姐，这反而可能限制她们未来的进步与发展。

在现实生活中，很多父母都曾抱怨过，说自己的女儿已经七八岁了，却连衣服都还不会自己穿，鞋带也都不会自己系；十几岁了，连自己的房间都收拾不整齐。还有不少父母表示，自己的女儿不仅懒惰，做事还总是拖拖拉拉，实在令人担忧。但其实，造成这些现象的原因更多还是在父母身上，因为父母的溺爱、迁就和纵容，才让家里的孩子变得越来越懒，越来越不会做事情。

劳动其实也是一种乐趣，如果父母注意观察年幼的女儿，就会发现，很多时候父母要求小女孩去做一件事情的时候，她不仅不会讨厌，反而会很乐意帮忙。对于年幼的女孩而言，无论是擦家里的地板，还是家具上的灰尘，都是一项有趣，而又能寻求到成就感的工作。可惜在这个过程中，由于很多父母都不愿意花费时间和精力去教女儿怎样做，为了节省时间，宁愿自己把一切事情都做完，从而让女儿失去了一个个锻炼的机会。

父母们应该明白，工作能够使人成熟，帮助人更好地成长，当女孩学会付出劳动，并享受劳动带来的喜悦时，她才会慢慢地逐渐成熟，找到生命的意义和安全感，生活也会更加充实幸福。工作不仅仅是生存的手段，更是实现人生价值的一种方式。

真正优秀的女孩，绝对不会是一个"衣来伸手，饭来张口"的大小姐，她应该是勤劳而勇敢的，聪慧而明理的，只有热爱劳动的女孩，才能亲手将自己的生活打造得越来越好。

◆ 细节 159：父母爱劳动，女孩才会爱劳动。

父母的言行举止对女孩有着非常重要的影响，如果父母本身就非常懒惰，那么又怎么可能培养出勤劳的女孩呢？因此，想要让女孩爱上劳动，那么父母首先就得变得勤快爱劳动，给女孩做出一个好榜样。

小琴是个乖巧听话的孩子，平时偶尔也会闹些小脾气。

有一天，家里来了客人，妈妈一个人在厨房忙不过来，便叫小琴说："小琴，快过来帮帮忙，妈妈忙不过来了。"

这时候，小琴正在看自己最喜欢的电视节目，于是便不高兴地吼道："妈妈，我正在看电视呢，没有时间。"

"乖，快过来帮忙，还有客人等着呢！"

听到妈妈又一次催促，小琴不耐烦地嚷道："我不去！我听见你刚才喊爸爸帮忙了，他都可以不去，为什么我就要去！"

试想一下，如果没有爸爸这个"坏榜样"，那么在妈妈需要帮忙的时候，小琴还能如此"理直气壮"吗？很多时候，女孩的一言一行，都是受到父母影响的结果，因为父母这样做了，所以女孩才会有样学样。

因此，在日常生活中，父母一定要能端正自己对劳动的态度，这样才可能把女孩培养成勤劳持家的"小主人"。如果父母自己做事都拖拖沓沓，懒懒散散，成天把诸如"我不想去做"，"怎么都这么懒，做事的时候没人，吃饭的时候一个比一个积极"之类的言语挂在嘴边，那么久而久之，必然也会影响女孩，让女孩对劳动产生恐惧甚至厌恶的心理。

◆ 细节 160：多做家务，女孩越劳动越勤快。

"衣来伸手，饭来张口"，这是许多独生子女在生活中的真实写照，而造就了这种情形的，正是父母对子女无原则的溺爱和纵容。

人都是越闲越懒的，想要让女孩变得勤快，就得让女孩多劳动。父母不妨鼓励女孩多参与一些力所能及的家务劳动，让女孩在劳动中学会独立，学会照顾自己，从而更能体会父母的艰辛，这对女孩未来的持家能力也是一种锻炼。俗话说"不当家不知柴米油盐贵"，只有真正让女孩参与到家务劳动中，才能让女孩更深刻地理解生活，感受生活。

对于年纪较小的女孩，父母不妨安排她做一些简单的家务活，比如自己叠被子，收拾房间，帮忙择菜，打扫卫生等等。等女孩年龄稍微大一些之后，则可以让她参与一些较为复杂的家务劳动，比如洗衣做饭等等，这也是对女孩能力的一种锻炼和提升。此外，多参与家务劳动，也能让女孩更深切地感觉到，自己是家庭的一分子，理所应当为家庭作出贡献。

◆ 细节 161：鼓励女孩参加公益劳动。

女孩天生心肠就比男孩软，父母可以抓住这一点，经常带女儿参加一些公益劳动，让她在爱心的驱使下付出劳动，并爱上劳动。比如春天来临之际，父母可以带女儿植树；冬天来临的时候，父母可以带女儿去扫雪；放假期间，父母可以带女儿去孤儿院或老人院做义工等等。通过这种方式，让女孩在劳动中体会到乐趣，从而爱上劳动。

4. 应变能力，从容不迫才有好办法

从生理上来说，女孩天生就比男孩要柔弱，也正因为这样，所以有女儿的父母往往会对女孩付出更多的爱和心疼，甚至什么事情都采取包办的形式。然而，无论父母有多么心疼女儿，总有一天，女儿都会长大成人，都会踏入社会。父母可以为女儿遮挡一时的风雨，却不可能成为女儿一辈子的依靠。雏鸟总有离巢的一天，就如那句俗话说的"翅膀硬了，就要飞走了"。

从长远考虑，相信所有父母都希望，哪怕自己无法相护，女儿也能成长为拥有足够能力应对未来生活的优秀女性，哪怕在遭受挫折之后，依旧能够健康成长。但罗马不是一天就能建成的，一个坚强、独立、优秀的女性也不是一天就能长成的，因此，父母应该从小就让女孩经历一些锻炼，培养应变能力，让她在遭遇紧急事件时，能在最短时间内找到应变办法，哪怕历经挫败，也能勇敢地再次站起来。

紫琪今年9岁，是一个乖巧懂事的孩子，学习成绩也十分优异，不论在家里还是在学校，都得到大人的交口称赞。

有一次，爸爸妈妈因为有急事要出去，就给紫琪在门上留了一张字条，字条上写着："琪琪，爸妈有急事要去趟乡下，今晚可能回不来了，

你去邻居张阿姨家睡一晚上，爸妈已经跟张阿姨说好了。乖乖在家等爸妈回来。"

结果，由于风大，门上的字条被吹走了，紫琪放学回来之后，并没有看到爸爸妈妈给她留的信息。紫琪敲了敲门，但没有回应，自己又忘记带钥匙，于是只能坐在门前等。这几天天气非常冷，紫琪却一直蹲在家门口，冻得哆哆嗦嗦，等了快六个小时。

一直到了晚上十点的时候，邻居张阿姨左等右等，却一直不见紫琪过来，于是才赶紧出门看看，这才发现了坐在门口瑟瑟发抖的紫琪。看着紫琪冻得通红的小脸，张阿姨吓了一跳，赶紧把她抱回家，让她洗了热水澡。看着终于渐渐恢复过来的紫琪，张阿姨又心疼又无奈地感叹道："你这傻孩子呀，怎么不知道过来问问呢！"

紫琪聪明乖巧，学习成绩又好，但却极其欠缺应变能力。虽然父母留下的字条被风吹走了，紫琪又没有带家里的钥匙，但比起傻傻地坐在家门口，她明明还有不少更好的选择和办法。比如她可以先去邻居家躲躲寒风，给爸爸妈妈打个电话，或者到就近的亲戚家、朋友家。不管怎么样，哪一个选择都比愚蠢地坐在冷风里等六个小时要强得多吧。

在生活中，像紫琪这样"死心眼"的乖女孩并不少见，她们通常都乖巧听话，从不给老师或家长找麻烦，在学习方面很可能是勤奋踏实的优等生，但在应对生活的突发事件时，却显得有些木讷，不懂变通，常常做出让人哭笑不得的事情。可见，在生活中，应变能力是非常重要的。人生在世，不可能事事都是计划好的，总会遭遇突如其来的状况，谁都无法预料得到，如果没有较强的应变能力，那么是很难在社会上立足的。

那么，作为父母，要怎么做才能帮助女孩从小培养应变能力，让她们无论遇到什么事情，都能从容不迫地想出应对策略呢？

◆ **细节 162：假设性提问，训练女孩应变能力。**

要想锻炼女孩的应变能力，父母可以通过假设性的提问，给女儿设置不同的场景和不同的问题，来让女儿思索，如何应对这些紧急情况，以提升女孩的应变能力。这种"假设"问题的方式完全可以作为工作之余或学习之余，父母与孩子共同进行的一种亲子互动游戏。

在这种互动游戏里，父母可以假设一些日常生活中可能出现的突发状况，比如，当妈妈不在家的时候，突然有陌生人来敲门，女孩应该如何应对？或者当爸爸妈妈都不在家，可是家中的爷爷却突然发烧了，女孩应该怎么去帮助爷爷？还有当家中的煤气罐漏气了，可是大人不在家，女孩应该怎么处理？在路上走路的时候，突然发现有陌生人跟着自己，女孩又应该怎么保护自己？而当家里停电的时候，女孩自己一个人在家，又应该怎么做？做饭的时候，锅里突然着火了，女孩要怎么处理？当女孩自己一个人在家时，突然发生火灾，女孩要怎样才能安全离开……通过假设性的提问，父母可以提前让女孩认知到这些日常生活中很可能遇到的紧急情况，让女儿心里有个底，同时也让她们明白，不管遇到什么样的情况，首先必须要保持冷静，才能想出应对的法子，不要在突发状况面前慌了手脚。

◆ **细节 163：树立正确是非观，预防女孩变成"小滑头"。**

父母从小帮助女孩培养应变能力，让她成为一个机智聪明、头脑灵活的人，这本身是件很好的事情。但除此之外，帮助女孩树立正确的是非观，让女孩明白，什么是"有所为有所不为"，这也是非常重要的，千万不要让女孩成为不讲道德，没有底线的"小滑头"。要知道，培养应变能力，为的是让女孩以后在面对突发状况时能够从容不迫地想出对策，而不是让她们利用自身的能力去坑蒙拐骗，为自己谋取利益。

所以说，培养女孩的应变能力固然重要，但更重要的是，父母必须先教会女孩，什么是做人做事的道理。只有在懂得做人，明白事理的前提下，女孩才能真正成为优秀的人，社会的佼佼者。

5. 狠狠心，让女孩明白适者生存的道理

孩子不是父母的私有财产，更不是父母的"克隆体"，这是每个父母都应该明白的事情。孩子是一个独立完整的个体，总有一天要独自面对生活的风雨，因此，作为父母，千万不要想着把孩子牢牢把持在自己手中，而是应该狠狠心，让孩子早日学会如何面对生活，承担生活中所需要面对的一切，懂得适者生存的道理。

林女士的独生女朵朵今年7岁，从小就是被全家人捧在手心里宠着长大的，因此养成了骄横跋扈的脾气。朵朵虽然是女孩子，但性格却十分调皮，从小到大没少干捣蛋的事，比如用石头打碎邻居的玻璃窗，拉过邻居家的电闸，推倒邻居家的孩子等等，而每次捣蛋完，不是爸爸妈妈就是爷爷奶奶出面给她收拾烂摊子，至于朵朵呢，只要挤出几滴眼泪，事情也就这么过去了。

王女士和林女士一样，家里也只有一个独生女珠珠，虽然非常宠爱珠珠，但一直以来王女士对她的要求都非常严格，从来不会毫无原则地宠爱或纵容她。在6岁的时候，珠珠曾经因为和邻居家的小朋友一起玩弹弓，把邻居家的玻璃窗给打碎了，被邻居揪到了王女士面前。除了向邻居赔礼道歉之外，王女士还赔偿了邻居换玻璃的几十块钱。

事情虽然完结了，但王女士还向珠珠提出了一个要求：为了弥补犯下的错误，珠珠必须依靠自己的努力，通过帮助妈妈处理额外的家务事来"挣钱"，自己偿还这笔给邻居换玻璃的钱，而那笔钱就当做是妈妈借给珠珠的。

之后，王女士给珠珠列出了一个表，规定了珠珠帮助王女士做哪些事情可以"赚"多少钱，整整花了三个月的时间，珠珠才彻底还清了这笔钱。

林女士和王女士对各自女儿的教育可谓是截然不同，而根据朵朵和珠珠的不同表现，我们也不难预想到两个小女孩以后的样子。比如朵朵，原本性格就已经骄横跋扈了，如果林女士一家再继续这么宠爱她，那么以后恐怕也只会变本加厉，这样的性格以后步入社会，如果没有家人的庇护，大约也是寸步难行；而珠珠则不同，从小就被王女士教育得有责任有担当，知道不论做什么事情，都要承担相应的后果，这样知进退又有责任感的性格，相信无论在哪里，都会过得很好。

社会是残酷的，林女士对女儿朵朵的过分宠溺，只会让朵朵未来的路越来越难走，而王女士眼下对女儿珠珠的"狠心"，实际上却能为珠珠带来更为长远的好处。所以，为人父母，还是应当"狠狠心"，让女孩早些明白适者生存的道理，也让女孩在踏入社会之前能够有更充足的准备。

◆ **细节 164：教会女孩懂得为自己的所言所行负责。**

著名教育家茨格拉夫人说过这样一句话："必须教育孩子懂得，他们不同的一举一动会产生不同的后果。只有这样，随着时间的推移，孩子们才会学得很有责任感。"

适者生存，这是大自然永恒的生存守则，即便在人类社会也是如此，一个人如果没有任何本事做倚仗，那么是很难生存下去的。而学本事注定是件艰难的事情，想要让孩子心甘情愿地去做这件事情，就得让孩子明白这个生存的道理，让他们明白，自己所做的事情会带来不同的后果，而这个后果是他们必须自己去承担的。

从行为心理学上看，因失责而遭受的惩罚会让孩子产生痛苦和厌恶的感觉，但这种惩罚对孩子的成长却是极其有价值的，因为这有助于帮助孩子养成责任心，让他们懂得为自己的行为做出担当。

因此，当女孩遭遇麻烦，做错事情的时候，父母不要总是不问是非就帮助女孩承担后果，而是应该告诉女孩，让她想办法为自己的行为负责，弥补自己的错误。

◆ **细节 165：培养女孩的动手能力，否则一切都是空谈。**

之前说过，在这个社会上，适者才能生存，所以为了女孩以后能够生活得更好，更有能力保护自己，父母一定要狠下心来，培养女孩的动手能力，否则一切都只是空谈。毕竟想法再多都是一串"0"，如果没有行动这个"1"的存在，那么再多的想法也只是一场空谈罢了。

但很显然，不少父母都没想通这个道理，他们或许会告诉女孩很多大道理，或许会言传身教女孩许多社会经验，但却往往很少狠下心来让女孩有机会历练，培养女孩的动手能力。要知道，不动手，一切都是空谈，哪怕能把"生存准则"倒背如流，没有经过实际经验的历练和洗涤，这些东西就永远不可能真正成为孩子的本事。

6. 女孩一定要会理财，这是生存的本事

生活中的一切都与金钱息息相关，无论吃、穿、住、行的安排，都是离不开钱的。而且人生无常，今日富足不代表明日就不会落魄，而今日落魄也并不意味着明日就一定与富贵无缘。所以，不要觉得家庭富裕就没必要懂理财，也不要觉得家庭贫困就不需要学理财。

女孩一定要懂理财，这是生存的大本事。据儿童行为学家研究发现，孩子 5~14 岁时，正是培养理财能力的最佳时期，父母不要觉得让女孩过早接触钱会染上"铜臭味"，要知道，只要在这个社会上生活，那就绝对离不开钱，又何必非要"装"出神仙样儿呢。

相比中国来说，一些西方国家的父母要更重视培养孩子的理财能力，比如在美国，父母通常在孩子 3 岁时就已经教导他们辨认硬币和纸币的不同了；等到 6 岁以后，父母就会开始培养孩子的理财意识，让他们有"自己的钱"这一概念；而等长到十二三岁的时候，通常父母就会鼓励孩子争取一些打工的机会，学会靠自己的力量赚钱。

正是因为父母有这样的观念，所以美国家庭的孩子金钱意识通常

要比同龄的中国孩子强得多，在这一方面，中国的父母们确实应该多多借鉴。

莉莉的父母是做软件经销的，前些年因为生意好也赚了不少钱，因为收入可观，因此从小父母就没让莉莉在物质方面受过什么委屈，这也让莉莉养成了花钱大手大脚的坏习惯。虽然有时候妈妈也会说莉莉几句，但也并没有真的当回事。在妈妈看来，家里既然有条件，那就没必要苦了女儿，再说了，这女孩就是该富养，这样以后才不会露怯。

去年的时候，生意不好做，莉莉家的公司也陷入了财务危机，莉莉的父母忙得焦头烂额，也才勉强把公司给保住了，在外头还欠了不少债。但在这种情况下，莉莉却依然懵懵懂懂，对家里的情况根本没什么认知，花钱也依然和从前一样大手大脚的，妈妈说了她几句，但莉莉也从来没有放在心上。

有一天，莉莉来找爸爸，开口就要5000块钱，说要换个新手机。爸爸觉得很奇怪，就问莉莉说："我记得你这手机买了才两个月吧，就弄坏了？"

莉莉摇摇头，说道："没坏啊，但是现在刚出的那款新手机很好，大家都在说，我也想要一个。"

听到莉莉的话，爸爸皱了皱眉头，苦口婆心地说道："莉莉，现在家里的情况你也知道，怎么还总是那么大手大脚地花钱，一点计划也没有？你要知道，现在公司的生意不好，所以……"

不等爸爸说完，莉莉已经不耐烦地开口打断道："这些话都说了多少次啦，又不是要多少，不就是一个手机吗，再怎么穷，5000块总是有的吧？我都跟同学说了我会买那款手机了，要是星期一我没有拿新手机，那不是太丢人了吗！"

看莉莉的表现就知道，她对"5000块钱"是根本没有概念的，根本不清楚她眼中那区区"5000块"对于普通家庭来说究竟意味着什么。很多人或许会指责莉莉不懂事，但想一想，造成莉莉不懂事的，不正是莉莉的父母吗？如果莉莉的父母能对她溺爱少一些，从小就培养她的理财观念，那她又怎么会如此不懂事，对"钱"没有正确的认识呢？

所以说，理财是生存的一项本事，作为父母，为了女孩未来能够更好地生活，最好还是趁早教导女孩，让女孩学会理财。

◆ **细节166：抓住技巧，培养女孩的理财能力。**

学习任何技能都是有技巧和规律的，培养孩子的理财能力同样如此，这是一个循序渐进的过程，不能一蹴而就。父母在教导女孩的时候，一定要懂得抓住规律，因材施教，这样才能事半功倍。

教导不同年龄段的女孩，教育方法也是有所不同的。比如对于3~4岁的女孩，父母可以从认识纸币和硬币开始着手，教导她认识基本的钱币；对于7~11岁这一阶段的女孩，父母则可以开始给她一笔小小的"私产"，并教导她如何管理自己的资产，父母还可以专门为孩子建立一个账户，让她了解到储蓄的作用和重要性；等孩子到了11~14岁这个阶段的时候，父母便可以开始传授孩子一些较为专业的理财知识了，甚至可以和孩子探讨一些可行的理财计划；孩子到14~16岁这个阶段的时候，父母可以让女孩接触一些金融工具和相关服务，并让孩子了解投资理财的一些途径。

让女孩及早接触理财，学会理财，不仅能够帮助女孩树立正确的金钱观，同时也能让女孩学会珍惜金钱，但又不至于斤斤计较。

◆ **细节 167：养女孩，该"抠门"时要"抠门"。**

人们总说，养女孩要富养，这样娇养出来的女孩眼界才开阔，也才能经得起诱惑。但很多父母却都忽略了一点，那就是养女孩，该"抠门"的时候也一定要"抠门"。父母如果总是一味满足女孩的欲望，让女孩从小就享受过分的物质水平，那么是永远无法让女孩真正明白"金钱"是什么的，也无法让女孩明白，什么是"贫穷"，并且容易在心里形成一种霸道又错误的观念，以为这个世界上，任何东西只要是她想要，就一定要得到的。

如果一个人不懂得如何正确使用金钱，那么这个人必然也不懂得该如何创造财富。所以，如果你想让孩子以后过得钱财无忧，懂得通过正道去获取金钱，那么最好还是早些培养孩子的理财观念吧。理财能力不仅仅是一种手段和工具，更是一项生存的本事。

Chapter 10 不圈养不护短，
教女孩组建和谐朋友圈

一个篱笆三个桩，一个好汉三个帮。不管是男孩还是女孩，在成长的过程中，朋友都是不可或缺的。只有有了朋友，孩子才能成为一个活泼开朗的人，才能排解许多不可能告诉父母的心事。但是，交朋友也要选择对象，好的朋友和坏的朋友甚至在某些时候会决定你未来的命运。我们要做的，就是让孩子交朋友，帮孩子选好朋友。

1. 帮孩子甩掉害羞，鼓励孩子走出去

与男孩相比，女孩通常要羞怯内向得多。生活中，很多个性内向害羞的女孩都不懂得如何与身边的同龄人交往，她们总是沉默寡言，害怕接触人群，很难融入群体之中。不少个性内向害羞的女孩都缺乏同龄孩子那种爱动、贪玩、好奇的特点，因此，她们总是显得与周围的人格格不入。但其实，不管是多么内向害羞的人，内心都是渴望与人交流，结交朋友的，她们与其他人显得格格不入，归根结底还是因为她们自己内心的胆怯，说白了，她们之所以不愿与人接触，并不是因为她们不喜欢，而是因为她们害怕。

罗小冰从小身体就不好，爸爸妈妈为了保护她，很少会让她出去玩。其他同龄的小朋友都去上幼儿园的时候，罗小冰依旧留在家里，由妈妈亲自照顾。因为这些情况，罗小冰个性要比其他孩子害羞内向得多。由于性格内向，又害怕见生人，所以罗小冰一直都没什么朋友。每次在学校看着同学打闹，回家路上看到同学结伴而行，罗小冰心里都羡慕不已。

现在，罗小冰已经十几岁了，刚上初中，身体状况也有了好转，爸爸妈妈对她的"监管"也终于有所松动，不再像从前那样限制她了。罗

小冰觉得非常高兴，心想："我终于也能跟同学们一样了。"

虽然罗小冰一心想着交朋友，但却不知道该怎么做，尤其是看着刚刚入学的同学们很快相互熟悉起来，罗小冰心里更是着急得不得了。罗小冰也想过自己主动一些去和同学说话，但每次刚鼓起勇气走到同学面前，就立马又泄了气。她感到有些迷茫，自己明明很想和同学们在一起，可不知道为什么，每次一接近同学，内心又会涌上一股难言的恐惧情绪……

相比男孩来说，女孩在人际交往中更容易表现出胆怯的情绪状态。造成女孩胆小怯懦的原因非常复杂，但最主要的还是源自于家庭环境和父母的教育。比如有的父母对孩子过分保护，就像罗小冰家那样，因为身体不好，所以父母对她的照顾无微不至，甚至连幼儿园也不让她去。这样的做法虽然是出于父母对女儿的爱，但这种过分保护的爱却也容易让女儿形成一种十分强烈的依赖心理，这种心理在孩子小时候或许不会造成多大影响，但孩子总有一天会离开父母的羽翼，独自面对外面的世界，到那个时候，问题的严重性就会慢慢凸显出来。就像罗小冰与同学交往一样，心里明明很想走出交朋友的那一步，但却又总因内心的恐惧而不知该如何是好。

许多父母都以为，孩子害羞胆怯不是什么大问题，只是性格中的一个特点。确实，百样米养百样人，这个世界上既然存在开朗活泼的人，自然也少不了内向害羞的人，但需要注意的是，如果这种内向害羞超出一定限度，甚至影响到孩子的正常社交，那么父母就必须引起重视了，如果任由问题继续发展，那么难免会让女孩在人际交往中的胆怯情绪越来越严重，甚至最终发展成社交恐惧症。

社交恐惧症是一种心理疾病，存在这种问题的人总是会处于一种焦虑状态，总害怕自己在别人面前出错，被人嘲笑，害怕与人交往，严重的甚至连出现在公共场所都会感到痛苦万分。所以，当父母发现女儿存在胆小怯懦的问题时，一定要及早着手解决这一问题，以免女孩日后因胆怯而自卑，最终影响到正常的学习与生活。

◆ 细节 168：帮助女孩树立信心，让女孩拥有积极乐观的好心态。

害羞往往来源于心底的恐惧，而自信则是驱散恐惧心理的一剂良药。想要让女孩甩掉害羞，勇敢投入社交，父母就要懂得帮助女孩在日常生活中树立信心，培养积极乐观的好心态。

在与女孩相处的时候，父母要注意时时引导女孩，让女孩懂得在遇到事情时尽可能往好的方面想。世间的事情往往都是有正反两面的，只有学会事事都往积极的一面看，女孩才能在面对生活时保持好情绪，在与人交往时勇敢付出真诚和信任。

◆ 细节 169：适当放手，帮助女孩培养独立自主的精神。

为了让女孩拥有坚强的心态，在日常生活中，父母一定要改掉事事包办的习惯，适当放手，鼓励女孩自己去做一些力所能及的事情，让女孩学会照顾自己，从而培养独立自主的能力和精神。尤其是在遭遇困难和挫折的时候，父母更应该狠下心，让女孩自己想办法去面对，去解决，而不是一味充当"保护伞"的角色，把女孩照顾得脆弱不堪。当然，在这个过程中，父母也不能一味地不问不管，而是应当予以女孩必要的指导，让女孩慢慢学会怎样正确地处理事情，以免让女孩手足无措，更加胆小。

培养独立自主的能力对提升女孩人际交往能力大有裨益，在与人交往时，性格独立的女孩更懂得如何想办法突破困难，让对方喜欢自己，接受自己，而那些自主性不强的女孩则往往只会瞻前顾后，胆小怯懦，并在遭遇挫折时望而却步。

◆ **细节 170：鼓励女孩参与社交，甩掉害羞才能走出去。**

为了让女孩避免在社交中表现胆怯，父母应该多带女孩出席一些社交场合，让女孩习惯社交的氛围，从而能够在社交过程中顺其自然地表现自己。在教导女孩时，家长要记得告诉女孩，与对方交谈时，尽可能直视对方的眼睛。俗话说"眼睛是心灵的窗户"，直视对方的双眼不仅是尊重对方的一种体现，更是拉近彼此距离，与对方用心沟通的一种体现。

让女孩习惯社交，多与同龄人接触，可以极大地减弱女孩的社交恐惧心理。因此，父母应当多鼓励女孩主动与同龄人交往，因为同龄人之间在兴趣点上较为相似，更容易找到话题，建立彼此间的联系。此外，得到同龄人的认同与尊重，也能有效地帮助女孩克服社交恐惧心理。

2. 孩子闹矛盾，教会她认识自己的错误

懂得自我反省是每一个成功人士必备的素质之一，纵观古今中外，一个人只有具备自我反省的能力，才能不断认识自己的错误或做得不完

善的地方，并不断加以改正，从而更好地提升自己，让自己取得更大的进步。

在孩子的成长过程中，自我反省能力同样非常重要，只有懂得自我反省，孩子才能及时发现自己的缺点和错误，更好地扬长避短，发挥自己的最大潜能。更重要的是，也只有具备了自我反省的能力，孩子才能在做错事时及时认识到自己的错误，并予以改正。

一天，姗姗和爸爸一起到百货超市买东西的时候，姗姗突然看到货架上有一把做得非常漂亮的玩具手枪，手枪还配备了一些漂亮的弹珠，姗姗非常喜欢，便缠着爸爸非要买下来。

虽然那把手枪做得非常漂亮，但实际上工艺并不精巧，材质也非常粗糙，价钱却不便宜。爸爸拿着玩具手枪看了很久后，便劝姗姗说："姗姗，这个东西不好，你瞧这塑料壳薄得，一不小心摔地上肯定得坏，根本不值标的那个价钱。而且你以前也从来不喜欢这种男孩子才喜欢的东西啊，要不爸爸带你去买个漂亮的芭比娃娃？"

听到爸爸不给自己买玩具手枪，姗姗直接噘着嘴就跑了，回到家还和父母闹了起来。无奈之下，爸爸只得对姗姗说："姗姗，你如果真的很想要那个玩具手枪的话，爸爸也可以给你买，但要说好，如果你想好了，非要那个手枪，那买完后两个月内都不许再买新的玩具回来。这样你还是想要吗？"姗姗用力地点点头，答应了爸爸的要求。

可是等真正把手枪拿到手之后，姗姗却发现，这玩具手枪也没有自己想象中有意思，而且质量确实如爸爸所说的，实在太差了，加上她从小其实就对这种男孩子的玩意儿没有多少兴趣，之前也不过是看着手枪漂亮，加上自己没有，所以才……总之，姗姗后悔了。

当姗姗可怜兮兮地抱着爸爸的大腿撒娇，试图收回自己的承诺时，爸爸果断拒绝了，并摸着姗姗的头，语重心长地对女儿说道："很多事情你已经做出了选择，那么即便再后悔，这个结果也是你必须去承受的。姗姗，你要明白，在这个世界上，不是所有人都会因为你撒娇或者胡搅蛮缠就让着你。错了，后悔了，都不要紧，记得吸取教训，下次不要再犯就行了，这才是最重要的。明白吗？"

听了爸爸的话，姗姗沉默了很久，这才重重点了点头，并把那把漂亮的手枪�{bracket}在了自己房间的挂钩上，用来时时提醒自己，以后不要再犯相同的错。

姗姗爸爸对姗姗的教育方式是值得许多父母学习和借鉴的。首先，当姗姗因为自己许下的承诺而感到后悔，试图通过撒娇来收回承诺，避免承受这个后悔的结果时，爸爸并没有因为心疼女儿就心软，而是果断拒绝了女儿的要求，他这样做就是为了让姗姗明白，人生在世，说出的话，做出的事，都是不可以回头的，既然你自己选择了，那么就得自己去承受可能带来的结果。此外，在姗姗产生"毁诺"的想法后，爸爸并没有义正言辞地训斥她，或者嘲讽她不听大人的话，而是通过循循善诱的方式，让姗姗自己想明白自己的做法是错误的，让姗姗学会反省自己的所作所为。

在生活中，我们常常会听到父母这样训斥孩子："我之前说什么来着？让你不听，知道什么叫'不听老人言吃亏在眼前'了吧，这回后悔了吧？"这种满是嘲讽的话语除了让孩子更为难堪，从而激发孩子的逆反心理之外，是没有任何用处的。

父母一定要搞清楚，在孩子犯错，或者撒娇、胡搅蛮缠的时候，我们需要做的，不是发泄自己内心的情绪，更不是劈头盖脸把孩子辩驳得哑口无言，而是要帮助孩子认清是非黑白，让孩子学会反省，并从中认识到自己的错误。

◆ **细节 171：让女孩学会接受批评。**

现在很多父母都推崇"激励"赞扬法，试图以激励的方式来代替以往的"棍棒"和批评。诚然，父母的激励、赞扬和赏识在孩子的成长过程中是必不可少的，但其实，批评也应当是孩子成长过程中不可或缺的东西之一。

批评是一种父母态度的表达，可以让孩子明白，哪些事情是自己不应该做的。父母应该有意识地在孩子犯错时给予适当而理智的批评，并在批评中引导孩子学会反省，去想自己究竟做错了什么，错在了哪里。

◆ **细节 172：引导女孩预见自己选择的结果。**

因为尚且年幼，并且缺乏社会经验，所以孩子的想法往往比较简单，在做事之前也常常会因考虑不周而做出一些容易后悔的举动。这种时候，父母如果总是直接地开口阻止孩子做错误的选择，或者强硬地逼迫孩子听从自己的决定，那么不仅不能让孩子从中学习经验教训，反而可能激起孩子的逆反心理，让孩子事事都想和你对着干。

所以，在某些无伤大雅的事情上，当孩子做出选择时，父母不妨适当地引导孩子，让孩子预见到自己的选择将会带来的结果。当然，如果孩子不愿意相信，或者执意要按照自己的想法去做，那么父母不妨放手让他去试一试，这样在面对失败的时候，孩子自然就会发现固执给自己带来的麻烦，自然也就更能够反省自己的行为。

◆ **细节 173：教导女孩从错误中总结教训。**

父母应从小培养孩子养成总结教训的习惯，这其实也是一种自我反省的行为。很多时候，孩子之所以容易犯错，不是因为他们不够聪明，而是因为他们的经历太少，社会经验不足。而每一次的错误实际上都是一个总结教训，吸取经验的机会，如果孩子能够在每次犯错之后，都能自觉进行反省，而不是一味推卸责任，那么这对他的成长和未来的人生都会有很大的帮助。

3. 当女孩受了委屈的时候……

先来看看这样的一些情况：

今年 7 岁的女孩小童放学回到家，抽抽噎噎地一边哭着一边跟爸爸妈妈告状，说同桌调皮的小男生小强揪了她的辫子，还弄坏了她的原子笔。

场景一：

父母 A 一听，女儿竟然受了这么大委屈，二话不说，第二天就直接杀去了学校，先找了班主任反映情况，然后把欺负自家女儿的同学小强拎出来臭骂了一顿，要求小强找家长过来赔礼道歉……一番折腾之后，父母 A 总算帮女儿出了气，并严令小强，以后再也不许欺负女儿小童。

场景二：

父母 B 一听，这多大点事情啊，安慰了一下哭泣的小童，给班主任打了个电话，反映了一下情况，然后教育女儿，要懂得息事宁人，和同学友好相处……然后事情就这样过去了，不痛不痒，第二天去到学校，班主任点名批评了一下小强，让小强跟小童说了句"对不起"，事情告一段落。

场景三：

父母 C 听完女儿的哭诉后，坐下来询问了女儿事情的前因后果，得知小强之所以欺负女儿小童，是因为小组值日的时候小强不认真干活，被身为小组长的小童到老师那里告了一状。父母 C 和小童一起分析，在这件事情中，小童在哪些方面处理得不太好，以及在这件事情中，小强做错了哪些事情，需要承担哪些责任。最后，父母 C 询问了小童的意见，让小童好好想一想，怎么去解决这件事情。第二天，父母 C 和小童一起来到了学校，先见了班主任，把情况大致说了一下，然后父母 C 陪小童一块到了教室门口，小童自己走到同桌小强面前，和他展开"谈判"，把昨晚和父母一起分析的道理都讲了一遍，并认真地要求小强给自己道歉。最终，小强向小童道了歉，两个孩子握手言和。

同样是家里的娇娇女受了委屈，三对父母都拿出了各自不同的解决方案。父母 A 的解决方案就是，维护女儿，帮女儿"打抱不平"，坚决不让女儿受委屈；父母 B 的解决方案就是，息事宁人，高高拿起，轻轻放下，和谐最重要；而父母 C 的解决方案则是，帮助女孩分析前因后果，让女孩自己做出抉择，父母则站在身后，做女孩坚强的后盾。

父母 A 的教育方式，显然会让女孩成为一个遇到事情便习惯于依赖父母的人，遭遇难题第一反应就是找人哭诉、告状，然后让别人给自己出头；而父母 B 的教育方式，则可能让女孩以后变得懦弱胆怯，认为不管遭遇什么样的事情，都不会有人给自己撑腰，还不如咬紧牙关"忍一忍"；父母 C 的教育方式，则向女孩传达了这样一个信息：父母永远是你坚强的后盾，但你不能事事依赖父母，你得勇敢地自己去面对，自己去解决。

三对父母不同的处理事情方式，高下立见。

在现实生活中，每个孩子都会有被欺负、受委屈的时候，在遭遇这些事情时，孩子通常第一时间想到的，自然是向与自己最为亲近的父母寻求安慰和保护。在孩子心目中，父母就如同保护伞一般，能够帮助他们遮风挡雨，为他们撑起一片安宁的天空。因此，当孩子需要保护和安慰时，父母是绝对不可以退缩的，所谓"以和为贵"，也绝对不该是让女孩承受委屈来作为交换。

此外，孩子总有长大的一天，总有羽翼丰满离巢的时候，父母不可能一辈子护在孩子周围，帮孩子处理掉一切的麻烦和困难，因此，为了让孩子在长大之后，能够有足够的能力护佑自己，开辟属于自己的天地，在孩子年纪还小的时候，父母就要懂得一点点放手，让孩子学会如何自己去解决问题，战胜困难。

天下任何父母都不愿意自己的孩子以后成为一个没有思想、没有主见，遇事就只懂退缩或一味依赖别人的人。既然如此，父母就要懂得在成长过程中，如何帮助孩子一步步培养起能够主宰自己人生的能力。

◆ 细节 174：帮助孩子在生活中培养决策能力。

为了让孩子在成长中变得更优秀，更强大，父母一定要懂得在生活中帮助孩子逐渐培养决策能力，让孩子在遭遇困难时能够自己拿主意，而不是只会六神无主地哭泣，或手足无措地指望别人的帮忙。

要培养孩子的决策能力，父母就要在一定程度上让孩子参与家庭事务，比如在决定家里的事情时，让孩子也参与进来，发表自己的看法和意见。时间久了，孩子自然就能养成独立思考的习惯，以后也不至于成为一个毫无主见的人。

◆ 细节 175：遇到事情，让孩子学会自己选择。

很多"妈宝"最典型的一个特点就是：遇事就得问妈妈，自己拿不了主意，做不了选择。

诚然，在孩子尚且年幼的时候，还不具备明辨是非的能力，所以他们所做出的一些选择，往往可能会带来一些不好的结果。但即便如此，父母也不能自觉地全部"代劳"，丝毫不问孩子的意见。要知道，一个人想要成长，那就必须经过现实的历练和经验的积累，如果父母把这些都剥夺了，那么不管孩子年岁增长了多少，能力却也是不会得到任何提高的。

所以，遇到事情的时候，父母一定要让孩子有做出选择、发表意见的机会，当然，父母可以给孩子扮演"军师"的角色，帮助孩子分析不同选择的利弊，但一定要记住，尤其是与孩子有关的事情，还是应当在最大程度上尊重孩子的意见。

◆ 细节 176：在约束中给予孩子自由。

我们一直强调，要让孩子成长，就得让孩子历练，这意味着，父母必须学会"放权"。但放权究竟要怎么放，放多少，这些都是父母需要根据孩子的个人状况来考虑的。孩子毕竟年纪不大，社会经验不足，在遇到事情的时候，父母不可能真的完全不管不顾，一切都交给孩子自己去处理。所以，父母还是应当把握好一个"度"，在一定的约束中去给予孩子自由。如果孩子的选择或做法实在有失偏颇，父母也该拿出权威，督促孩子去思考，反省自己的计划。

4. 打开"笼子"走出去——让女孩摆脱社交恐惧

古时候的大家闺秀都是"大门不出，二门不迈"的，那个时候的女人一生似乎只需要做好一件事——相夫教子——那就足够了。但今天，女性的地位已经和从前截然不同，女性能够做的事情也比从前要更加多得多，所以现在，我们培养女孩，再不是要求她们"大门不出，二门不迈"，相反，为了让女孩在日后能够在激烈的社会竞争中为自己争得一席之地，父母更应该鼓励女孩"走出去"，见识这个世界，认识这个世界，而不是做一只远离人群的"笼中鸟"。

畏畏缩缩、低眉顺眼，这些都不应该再成为女性的代名词。但在现实生活中，"笼中鸟"一般的女孩依然并不少见，她们孤僻、内向，不懂得如何与人交往，同时也恐惧去与人交往，这对女孩的成长是非常不利的，父母绝不能听之任之。

庄萌是个害羞内向的女孩，从小就不擅长和别人打交道，每次出门遇到熟人，都会胆怯地躲在妈妈身后。由于从小就体弱多病，所以妈妈也都不怎么让庄萌出门，虽然有时候也会教育庄萌，让她不要总是那么胆小，遇见人就畏畏缩缩的，但看庄萌年纪还小，又是个女孩子，妈妈也并没有过多重视这个问题。

如今，庄萌已经长成十几岁的大姑娘了，在离家不远的一所学校上中学，但她害羞内向的性格却依旧没有任何改变。每天在学校，庄萌几乎都是独来独往，一个人吃饭，一个人回家，同学们都在背后给她取了个绰号，叫"独行侠"。

每次看着同学们凑在一起说说笑笑，组成一个个的小团体，庄萌心中都非常羡慕，但即便如此，她却也始终无法鼓起勇气去结交朋友。之前原本也有主动和庄萌搭话的同学，但却总是弄得庄萌手足无措，虽然心里非常高兴，却不知道该怎么回应，于是久而久之，也就不再有人搭理庄萌了……

庄萌的表现很显然就是一种典型的"社交恐惧"，她既渴望能和别人交流，但是又惧怕与别人交流，因为这种内心的胆怯和恐惧，使得她一直无法走出心中的"囚笼"，从心理上把自己隔绝了起来。

庄萌之所以会养成这样的个性，一方面是因为天生性格就比较内向羞涩，加上年幼时体弱多病，与其他孩子相比，心中便容易滋生自卑情绪，在与人交往时自然底气不足；而另一方面，在"先天不足"的情况下，父母不仅没有帮助她树立信心，教会她如何与人交往，反而采取了一种听之任之的态度，故而才让庄萌的"社交恐惧"发展到如今的地步。

所以，作为父母，在发现自己的孩子因内向胆小而存在社交方面的障碍时，一定要引起重视，想办法拉孩子一把，帮助孩子改正自身的缺点，并掌握正确的人际交往方式。别让孩子成为孤独的"笼中鸟"，只有摆脱"社交恐惧"，孩子才能在未来的人生中走得平稳顺畅。

◆ **细节 177：给孩子一个和谐的家庭。**

在孩子的成长过程中，家庭环境是否和谐对孩子的成长有着重大的影响。通常来说，家庭和谐的孩子在心理方面要比家庭不和谐的孩子健康、积极得多。很多孩子之所以懦弱胆小，往往都是因为无法从家庭获得关爱与支持，导致自己常常底气不足，从而变得沉默寡言、闷闷不乐，甚至形成自闭的心理倾向。

因此，为了孩子的健康成长，父母应当努力为孩子提供一个和谐的成长环境，避免在孩子面前争吵，以免伤害到孩子脆弱敏感的心灵。

◆ **细节 178：让孩子有机会感受社交的氛围。**

很多事情都讲究熟能生巧，社交其实也同样如此。如果父母能够多带孩子出席一些社交场合，让孩子习惯社交环境的氛围，那么久而久之，再处于这样的情境之中，孩子即便无法做到游刃有余，但至少也不会感到手足无措了。

◆ **细节 179：帮助孩子树立信心。**

大部分存在社交恐惧的人都有一个共同特点，那就是对自己缺乏自信，担心别人讨厌自己，不接受自己。面对这样的情况，父母应当从根源下手，帮助孩子树立信心，让孩子知道，自己也是非常优秀的，值得获得别人的肯定和友谊。只要能让孩子变得自信起来，从心底认可自己，接受自己，那么恐惧自然也就烟消云散了。

◆ 细节 180：培养孩子的独立性。

孩子是具有趋吉避凶的本能的，他们能够敏锐地感觉到别人对他们的态度和情感。所以很多时候，当父母在场时，孩子往往会表现得比较活泼、肆无忌惮，因为他们知道，父母是给他们撑腰的那个人，有父母在，做事自然底气就要足得多。相反，如果父母不在场，那么大部分孩子都会"安分守己"一些，毕竟无人撑腰，自然也就不敢造次。

懂得这样的"审时度势"并不是什么坏事，但如果这种反差超过了一定限度，那父母就应当引起重视了，这说明孩子对父母的依赖心理已经发展得十分严重，这对孩子独立性的培养是非常不利的。

在日常生活中，父母不妨鼓励孩子独立去完成一些他们力所能及的事情，让他们习惯，即便父母不在身旁，也能独立地去做一些事情，以此来培养孩子的独立性。

◆ 细节 181：从细节入手，让孩子一步步摆脱恐惧。

很多具有"社交恐惧"的人都有一个特点，那就是不敢和别人对视。父母可以根据这一点来对孩子进行一些针对性的训练，比如鼓励孩子在与人交流时，勇敢地看别人的眼睛，然后每次都给自己偷偷定下一个目标，比如这次是盯着对方两秒，下次是三秒……以此类推，通过克服这些小细节，来逐步摆脱社交中产生的恐惧和不安。

5. 尊重女孩以及她的朋友

今年上初中的女孩孙琴在日记中记录了这样一件事：

今天星期六，我和好朋友李小瑜约好要一块去万达广场转转，可是当李小瑜到家里叫我一块出门的时候，我们却被妈妈堵在了门口。

前两天学校进行了一次测验，我的成绩不太理想，在班上只排到了二十几名，因此妈妈非常生气，不许我和李小瑜出去玩，勒令我在家里复习功课。我不想失约，就和妈妈顶撞了几句，结果妈妈非常生气，劈头盖脸给了我一通骂。小瑜见我妈妈非常生气，就帮我说了一句："阿姨，您别生气，其实小琴这次考得也不算太差，我还不如她呢。而且学习嘛，还是讲究劳逸结合，我们就去转转，花不了多少时间。"

结果没想到，小瑜的话却让妈妈更加愤怒了，她突然把矛头转向小瑜，板着脸冲她说道："知道学习不好还整天想着出去玩，这样学习成绩怎么可能好啊？还有你啊，李小瑜，你喜欢去哪儿玩，我管不了你，你学习成绩怎么样，那也是你父母该操心的事，我管不着。但孙琴是我女儿，我还得管着她，你也别来带坏她，孙琴以前可不会这样不听话！"

听了妈妈的一席话，小瑜眼泪就掉了下来，什么也没说就转身走了。我觉得很生气，妈妈一点都不尊重我，也不尊重我的朋友。可让我没想到的是，妈妈不仅没有向我道歉，反而一副很占理的样子，在我面前又把小瑜痛骂了一顿，说都是因为她带坏了我，才让我越来越贪玩，学习成绩也下降了不少……甚至还勒令我，以后都不可以和小瑜在一起玩。

小瑜是我最好的朋友，我觉得非常难过，也非常生气。从小到大妈妈都是这样，从来不懂得尊重我，对我的朋友们也总是疾言厉色。我很多朋友都因为这样，再也不到我家里玩了。以后小瑜应该也不会到家里来找我了，我觉得非常难过，我再也不想和妈妈说话了，也再也不想交朋友了，反正不管和谁在一起玩，妈妈都不满意，最后都会让我的朋友离我而去……

从这篇日记中，我们可以切实地感受到孙琴的痛苦和对父母的强烈不满。而在现实生活中，这样的情况其实也并不少见，不少父母总是习惯打着"保护孩子"的旗号，丝毫不尊重孩子的意愿，对孩子的朋友诸多挑剔，仿佛只要孩子做出令他们不满意的事情，就都一定是受到"狐朋狗友"的影响和挑唆一般。

诚然，交什么样的朋友，对孩子性格的塑造和习惯的养成有着重要影响，俗话也说"近朱者赤近墨者黑"嘛，但这并不意味着父母就拥有挑剔孩子朋友的权力。况且，很多时候，父母对孩子朋友的挑剔也是毫无道理的，不是嫌这个学习成绩差，就是嫌那个家境不好，但他们却似乎从来没有想过，学习成绩差的，可能脾气性格好，和孩子投缘；家境不好的，可能很有才华，令孩子欣赏。

人无完人，没有谁是彻底的坏人，同样也没有谁就是彻底的好人。父母担心孩子，想要了解孩子的交友状况，这并不奇怪，但与其去盯着孩子的朋友找缺点，父母倒不如好好和孩子沟通，从孩子的角度去了解他的朋友，知道孩子是出于怎样的心态和这个人交朋友，孩子究竟从这个人身上看到了哪些优点。要知道，很多时候"好孩子"与"坏孩子"之间并不是泾渭分明的，"好孩子"有不好的缺点，"坏孩子"也有值得被肯定的优点，重要的是，自己的孩子究竟是因为对方的优点还是缺点与他交朋友的。

在对待孩子的交友问题上，父母一定要明确几点：

◆ **细节 182：尊重孩子的朋友就是尊重孩子。**

我们和一个人交朋友，必然是因为这个人身上有着令我们欣赏，或者与我们投缘的地方，可能是爱好相同，脾气相近，也可能是相互欣赏，引为知音。不管是出自于哪一种理由，既然已经结下友谊，那么我们自然会把朋友当做"自己人"。

当父母面对孩子的朋友时，不管喜不喜欢对方，但都一定要给予对方尊重。对于孩子来说，父母尊重他们的朋友，其实也是一种尊重他们的表现。此外，这里还涉及到一个面子问题，对孩子来说，朋友是"自己人"，父母就更是"自己人"了，父母不尊重自己带回来的朋友，无疑是对孩子脸面的一种伤害。所以，在面对孩子的朋友时，无论好恶，父母都应该给予对方起码的尊重，哪怕对这个朋友有意见，也应该在私下与孩子谈，而不应该摆到明面上让孩子左右为难。

◆ **细节 183：尺有所短，寸有所长，不要戴着有色眼镜看人。**

每个父母都会在心中对孩子交往的朋友进行一番"评判"，以此来确定哪些人是孩子的良师益友，哪些是应该想方设法剔除的"毒瘤"。为了孩子的成长，父母这样做无可厚非，但需要注意的是，在"评判"孩子的朋友时，父母一定要懂得客观公正地去看待，而不是戴着有色眼镜去挑剔对方。

◆ **细节184：让孩子开阔眼界，培养孩子看人的眼光。**

　　在孩子结交的朋友中，有时也会不可避免地混入一些"害群之马"，与这些人长久地混在一起，孩子很容易会误入歧途，犯下错误。当父母发现这样的"害群之马"时，千万要冷静下来，要知道，一通训斥、一顿责骂，往往只会激起孩子的逆反心理，让孩子偏要与父母"对着干"。所以，在这种时候，父母应该做的，绝对不是利用自己的权威逼迫孩子与对方绝交，而是应该帮助孩子开阔眼界，明白道理，引导孩子一步步去认识到"坏朋友"身上的缺点，让孩子自己对他产生厌恶，从而主动远离。

6. 教会女孩自我保护，防人之心不可无

　　正所谓"人心隔肚皮"，在与人交往时，谁都无法一眼就看穿对面那个人究竟是好是坏，是一片赤诚还是包藏祸心。所以人们才说，在与人交往时，一定要做到"害人之心不可有，防人之心不可无"，不要对别人包藏祸心，但也不要轻易就付出自己的信任，有时候，伤害你最深的人，往往正是那个与你最接近的人。

　　父母在教育女孩时，一定要注意提高女孩的安全防范意识，这个社会很危险，尤其是对那些相对弱势的群体，如女性、老年人、孩童等而言。所以，不要总是试图把女孩圈养在美好的"象牙塔"里，也别怕在女孩面前为她揭开生活残酷的面纱，让女孩明白危险无处不在，这才是对她

最好的保护。

一天下午，在放学回家的路上，8岁的女孩小乐遇到了几个向她问路的叔叔，秉着助人为乐的精神，小乐很好心地给这几个陌生的叔叔指明了道路。但这几个陌生的叔叔却似乎还是认不清楚究竟应该怎么走，其中一人便微笑着温和地对小乐说："小姑娘，要不你给我们带带路，到时候叔叔给你买糖吃，谢谢你好不好？"

虽然眼前这个叔叔看上去很友好，但小乐还是马上就有了警惕，妈妈一直都教导她，不要随便和陌生人走，也不能随便吃陌生人给的东西，更重要的是，绝对不能和陌生人去偏僻的地方。于是小乐想了想，便对眼前的叔叔说道："对不起叔叔，我不能带你去，我得赶紧回家了，不然妈妈会担心的。"

说完之后，小乐便赶紧向前小跑了几步，但那几个叔叔却似乎并没有打算轻易放弃，还试图再继续说服小乐。小乐有些害怕，突然她灵机一动，便笑着对那几个叔叔说道："这样吧，我给你们带一段路，等到了前头你们再问别人好不好？"

不等这几个人回应，小乐就赶紧加快脚步往前面的十字路口走去了。小乐记得那里经常会有交警指挥交通，小乐每天放学都会从那里经过。小跑到路口之后，小乐赶紧跑向了正在指挥交通的交警，等她拉着交警叔叔的手回过头去看的时候，那几个问路的叔叔已经不见了。

难以想象，如果平时小乐的妈妈没有及时给她灌输安全意识，让她对陌生人提高警惕，那么将会有什么样的境遇在等待小乐。幸亏聪明的小乐虽然热心，却也没有一味相信他人，而是急中生智地向交警寻求帮助，让自己平安脱离了险境。

中国每年都有大约几万名儿童被拐卖,据相关资料显示,在我国,0~14岁丢失的孩子中,被诱拐贩卖的人数比率占到了89%之多,而意外伤害或者自己走失的人数比率仅仅只有11%。可见,大部分孩子的自我保护意识和安全防范意识都还比较低,这与家庭和学校的教育都是脱不了干系的。

所以,为了保护孩子健康茁壮地成长,父母除了教会孩子助人为乐之外,还得让孩子明白,人心隔肚皮,这个社会处处都充满了危险和残酷。要知道,对孩子而言,父母付出千般保护,都不如提升孩子的自我保护意识和能力来得有用,毕竟父母不可能一天二十四小时寸步不离地守在孩子身旁,倒不如教导孩子一些基本的防范意识和技巧,这样在遭遇别有用心的人时,才能尽可能争取机会让自己脱离困境。

◆ **细节 185:危险演练,提升孩子的防范意识。**

很多时候,掌握理论知识,不意味着在遭遇危险时就能做出正确反应。在日常生活中,父母不妨多抽些时间来和孩子进行一些特定情境下的"危险演练",通过这种方式来让孩子感受一下,遭到威胁和受到伤害的残酷环境,并在这个过程中教会孩子如何应对这些情况。当然,演练的前提是要尊重孩子的意愿,别让孩子还未真正遇上危险,就被这些"演练"吓破了胆。

◆ **细节 186:告诫孩子尽量避免单独外出。**

通常情况下,孩子独自一人要比和别人在一起时更容易遭遇危险,所以,父母应该告诫孩子,不论何时,尽可能避免单独外出,即便需要单独外出，也必须要记得和周围的人打招呼，让别人知道你的行踪，以便在遭遇危险时能够有更好的应对。

◆ 细节187：见义勇为也要力所能及。

有正义感是件好事，但也要懂得量力而行。孩子的能力是有限的，甚至来说，孩子往往正是最容易遭到伤害的群体之一。因此，当接到别人的求救时，孩子一定要懂得量力而行，确保自己的安全，别把愚蠢当成勇敢，造成不可挽回的悲剧。

◆ 细节188：告诫孩子，不要轻易相信陌生人。

不要轻易相信陌生人，这大概是每个父母都曾无数次告诫过孩子的话。但即便如此，依然有很多天真烂漫的孩子因为轻易信任陌生人而陷入了危险之中。这其实也不难理解，孩子毕竟年幼，容易受到别人的动摇和挑唆，所以，为了避免这一情况的发生，父母不妨直接帮孩子"安排"一些具体的应对策略。比如可以告诉孩子，路上遇到陌生人搭话时，无论如何都不能跟对方走；在父母没有特意交代的情况下，有人到学校以父母的名义接孩子走，必须先和父母取得联系，确认消息真伪之后再做决定，哪怕这个人是认识的，这一步骤也不能省，毕竟很多犯罪实际上都发生在熟人之间。